ROTEIRO DA POESIA BRASILEIRA SIMBOLISMO

Direção

Edla van Steen

ROTEIRO DA POESIA BRASILEIRA SIMBOLISMO

Seleção e Prefácio
Lauro Junkes

São Paulo
2006

global EDITORA

MINISTÉRIO DA CULTURA
Fundação BIBLIOTECA NACIONAL

Diretor Editorial
Jefferson L. Alves

Gerente de Produção
Flávio Samuel

Assistente Editorial
Ana Cristina Teixeira

Revisão
João Reynaldo de Paiva

Projeto de capa
Ricardo van Steen - Tempo Design

Editoração Eletrônica
Thatiana Kalaes

República Federativa do Brasil

Presidente da República
Luiz Inácio Lula da Silva

Ministro da Cultura
Gilberto Passos Gil Moreira

Presidente da Fundação Biblioteca Nacional
Muniz Sodré

Diretora Executiva
Célia Maria de Albuquerque Mattos Portella

Coordenador Geral do Livro e Leitura
Elmer Barbosa

Coordenador Geral de Pesquisa e Editora
Oscar Manoel da Costa Gonçalves

Dados Internacionais de Catalogação na Publicação (CIP)
(Câmara Brasileira do Livro, SP, Brasil)

Simbolismo / seleção e prefácio Lauro Junkes. –
São Paulo : Global, 2006. – (Coleção roteiro da
poesia brasileira)

ISBN 85-260-1147-2

1. Simbolismo – Brasil 2. Poesia brasileira – História
e crítica I. Junkes, Lauro. II. Série.

06-8477 CDD-869.91

Índices para catálogo sistemático:
1. Poesia : Literatura brasileira 869.91

Global Editora e Distribuidora Ltda.

Rua Pirapitingüi, 111 – Liberdade
CEP 01508-020 – São Paulo – SP
Tel.: (11) 3277-7999 – Fax: (11) 3277-8141
e-mail: global@globaleditora.com.br
www.globaleditora.com.br

Nº de catálogo: **2818**

SIMBOLISMO

Cruz e Sousa – Araújo Figueredo – Emiliano Perneta – Nestor Vítor – Mário Pederneiras – Dario Velozo – Alphonsus de Guimaraens – Pethion de Vilar – Severiano de Resende – Silveira Neto – Carlos Fernandes – Auta de Sousa – Pereira da Silva – Narciso Araújo – Saturnino de Meireles – Marcelo Gama – Maranhão Sobrinho – Érico Curado – Durval de Morais – Da Costa e Silva – Pedro Kilkerry – Ernani Rosas – Eduardo Guimarães – Alceu Vamosy

Lauro Junkes, nascido em Antônio Carlos, Santa Catarina, em 1942, é Bacharel em Direito e Filosofia, Licenciado em Letras, Mestre em Literatura Brasileira e Doutor em Teoria da Literatura. Professor Titular de Teoria da Literatura na UFSC, aposentado; voluntariamente orientador de Mestrado e Doutorado. Com mais de vinte livros e centenas de artigos e ensaios publicados, concentra sua pesquisa na Literatura produzida em Santa Catarina e na teoria da narrativa. Entre as obras publicadas destacam-se: *Presença da poesia em Santa Catarina* (1979), *Aníbal Nunes Pires e o Grupo Sul* (1982), *O mito e o rito* (1987), *AUTORidade e escritura* (1997). Vem organizando obras de autores do passado e antologias: *Melhores poemas Luís Delfino* (1991), *Teatro selecionado de Horácio Nunes* (1999), *Poesia completa de Luís Delfino* (2001), *Contos complexos de Virgílio Várzea* (2004), *Poesia reunida e outros textos de Maura de Senna Pereira* (2004), *Obra completa de Delminda Silveira* (2006).

SIMBOLISMO

Se o século XIX, marcado pelo progresso científico – genética, evolucionismo, positivismo, sociologia, racionalismo, etc. – motivou escolas artístico-literárias correspondentes – Realismo, Parnasianismo, Naturalismo –, propugnando uma descrição rígida, precisa e minuciosa, acarretou, em contrapartida, um momento de descrédito da ciência, uma reação quase radical, que propunha a diluição dos objetos e sentimentos no vago e indistinto, no inefável, abstrato e incorpóreo, ideal supremo do Simbolismo.

Sintetizando, fundamental tornou-se a lição de Mallarmé (1945, p. 868), no seu livro de 1886, de sugestivo título *Divagations*: "Referir-se a um objeto pelo seu nome é suprimir três quartas partes da fruição do poema, que consiste na felicidade de adivinhar pouco a pouco; sugeri-lo, eis o que sonhamos. É o uso perfeito desse mistério que constitui o símbolo; evocar pouco a pouco um objeto para dele extrair um estado de alma, ou, inversamente, escolher um objeto e desprender dele um estado de alma, através de uma série de decifrações".

Embora o termo Simbolismo, com o qual Jean Moréas batizou o movimento, em artigo-manifesto publicado no *Figaro*, de 18 de setembro de 1886, não tivesse plena aceitação, nem na época (Verlaine criticou a redundância do termo aplicado à arte poética) nem posteriormente, a denominação se consagrou. Destaca Moréas que "a poesia simbolista procura vestir a Idéia de uma forma sensível", mas "o caráter essencial da arte simbólica consiste em jamais ir até a concepção da Idéia em si" porque "as aparências sensíveis [são] destinadas a representar suas afinidades esotéricas com as Idéias primordiais", pelo que "se torna necessário ao Simbolismo um estilo arquetípico e complexo".

Destaca Andrade Muricy, no seu imprescindível *Panorama do movimento simbolista brasileiro* (1973, p. 38) que "os fundadores vinham do Parnasianismo, em França (...): Baudelaire, Lautréamont, Verlaine, Rimbaud, Corbière, Charlos Cros, Germain Nouveau"... para culminar em Mallarmé, "mestre direto de tantos da poesia de hoje". Baudelaire, entre inúmeras contribuições, acentuou a importância da imaginação e formulou a teoria das "correspondências", reinterpretando Swedenborg que partia do princípio platônico de que existem relações entre o mundo natural e o mundo das idéias, o mundo espiritual, ambos emanados do Divino. Álvaro Cardoso Gomes (2001, p. 57) sintetiza a questão: "Como um existe em conformidade com o outro, resulta daí a idéia das Correspondências, ou seja, como vasos comunicantes, tais Mundos mantêm entre si perfeita interdependência, de maneira que se pode traduzir um pelo outro, bastando decifrar o que, num, é *símbolo* do outro". Os simbolistas buscavam as mais perfeitas correspondências entre o mundo abstrato e o concreto, relacionando-se apenas ambiguamente com o mundo dos objetos concretos.

Mallarmé destacou o valor sugestivo e adivinhatório com que se devem carregar os vocábulos, fazendo evocar muito mais do que exprimir e comunicar; Rimbaud (*Oeuvres Complètes*, p. 251) comparou o poeta a um visionário: "Eu quero dizer que é preciso ser vidente fazer-se vidente. O Poeta se faz vidente através de um longo, imenso e racional desregramento de todos os sentidos", além de cantar o cromatismo das "Voyelles".

De Verlaine celebrizou-se o poema "Art poétique", escrito em 1874, na prisão de Mons e incluído no livro *Jadis et Naguère*, de 1885; inicia com o verso "de la musique avant toute chose", e repete na oitava estrofe: "De la musique encore et toujours", porque a música, na sua concepção de "arte poética", deveria substituir o que é puramente intelectual, para envolver o verso de caráter sugestivo e profético; termina o poema: "Et tout le reste est littérature", ou seja, resulta do esforço lógico-intelectual, do ofício de escrever, devendo o poeta situar-se para além da "literatura"; pronunciou-se também contra a exatidão das palavras, preferindo o caráter vago, flutuante, as nuanças das palavras. Os versos de "Chanson d'automne" evocam sugestivamente o violino do outono – "Les sanglots longs / des violons / de l'automne / blessent mon coeur / d'une langueur / monotone..."

Tornou-se lugar comum que o Simbolismo nasceu francês. Entretanto, o ainda recente estudo de Ana Balakian, *O Simbolismo* (São Paulo: Perspectiva, 2000, p. 12 ss), sem negar que a vanguarda do movimento está em Baudelaire, Verlaine, Mallarmé – representando o *cénacle*, concentrado no período entre 1885 e 1895, em Paris – volta a acentuar a impropriedade do termo Simbolismo para os poetas dessa escola, e afirma explicitamente que "o Simbolismo não foi francês; aconteceu em Paris", tendo sido um "movimento *parisiense*" com "aspecto cosmopolita". Ou seja, foi um "movimento internacional", porque "na Paris da década de 1890, os poetas perderam sua identidade nacional". Na época, todos os poetas simbolistas europeus foram a Paris, porque "Paris serviu de neutralizador de diferentes formações culturais" e a língua francesa "se tornou a linguagem universal do intercâmbio poético". Para a autora, a escola simbolista "criou um clima particular", a partir do *cénacle* francês, propiciando "versões pessoais das atitudes e convenções desenvolvidas em Paris", tendo sido Mallarmé "a imagem poética intocável do Simbolismo". Na realidade, o período simbolista pode ser vastamente alongado, de 1857 – data de publicação de *Les fleurs du mal*, de Baudelaire – até aproximadamente 1930.

No Brasil, os finais do século XIX foram revelando tendências novas na poesia. Fora através de Medeiros de Albuquerque que chegaram ao Brasil as produções literárias da vanguarda francesa, sobretudo os livros dos "decadentes" – Verlaine, Mallarmé, René Ghil, Jean Moréas. A partir de 1870 projetou-se crescentemente a influência de Baudelaire na poesia brasileira. O primeiro poeta de influência baudelaireana teria sido Carlos Ferreira, com *Alciones* (1872). Seguiram-se Teófilo Dias, com *Fanfarras* (1882), Fontoura Xavier, com *Opalas* (1884), Domingos Nascimento que publicava, em 1887, *Trenos e arruídos*; Rodrigo Otávio com *Aristo*, (1889), o satanista convicto Wenceslau de Queiroz, de *Goivos* (1883), *Versos* (1890) e o baudelaireano *Rezas do Diabo*; Carvalho Júnior (com o obra póstuma *Parisina*, de 1879), além de B. Lopes (*Dona Carmen*, 1890) e Medeiros e Albuquerque – *Pecados* (1887) e a "proclamação decadente" *Canções da decadência* (1889), poeta que depois se afastou dos mal-vistos "novos".

Desde 1889, com Emiliano Perneta na secretaria da *Folha Popular*, no Rio de Janeiro, agrupam-se alguns insatisfeitos com a cultura reinante: Gonzaga Duque, B. Lopes, Oscar Rosas, Artur de Miranda, Virgílio Várzea, Lima Campos e depois Cruz e Sousa, que se tornaria o chefe respeitado por todos os que buscavam novas tendências. Esse grupo de simbolistas-decadentes buscou definir linhas renovadoras, através de artigos-manifestos, sob a égide de um fauno, insígnia escolhida por Perneta, influenciado por Mallarmé.

Nosso Simbolismo teria sido "produto de importação", como queria José Veríssimo, ou haveria "homologias entre a vida brasileira do último decênio do século e a nova poesia", no questionamento de Alfredo Bosi? Luciana Stegnano Picchio, na sua *História da literatura brasileira* (2004, p. 333), pondera que "da revolta antipositivista e da recuperação dos valores românticos para além ou dentro do próprio jogo formalista parnasiano, também no Novo Mundo nasce o movimento simbolista, de um lado nutrido de decadentismo francês, e, de outro, da experiência metropolitana dos simbolistas portugueses".

Alfredo Bosi, na *História concisa da literatura brasileira* (1979, p. 298 ss), afirma que Cruz e Sousa e outros simbolistas se desenvolveram em paralelo com os parnasianos, inicialmente como abolicionistas e antimonarquistas, mas depois "entraram a percorrer a linha européia do esteticismo". Constatando que "o poeta, inserindo-se cada vez menos na teia da vida social, faz do exercício da arte a sua única missão e, no limite, um sacerdócio", conclui que, "em suma, o Simbolismo, como técnica, é o sucedâneo fatal do Parnasianismo". Aliás, o próprio Muricy (1973, p. 36) reconhece que "os nossos simbolistas, quase todos, treinaram o verso dentro dos preceitos parnasianos". E, por constituir-se em "surto epidêmico" encravado no período realista, o Simbolismo brasileiro não exerceu função de relevância semelhante ao francês, embora tenha estabelecido elo importante do Romantismo para o Modernismo.

Considerando sobretudo abolicionistas textos em prosa, de Cruz e Sousa, talvez constitua julgamento demasiadamente duro afirmar que "o movimento, enquanto atitude de espírito, passava ao largo dos maiores problemas da vida nacional..." Aliás, Andrade Muricy (1973, p. 56 ss) rebate com argumentos a acusação feita aos simbolistas "de se terem abstraído dos interesses coletivos, da vida social". Mas reconhece que, entre nós, a arte simbolista "foi subjetivista e aristocrática", imergindo-se os poetas na "torre de marfim" dos sonhos, envolvidos por "uma névoa translúcida de misticismo". Mais adiante (p. 92 ss), Muricy procede a um pequeno censo sobre os "paraísos artificiais" vividos por muitos poetas simbolistas, devido ao uso do álcool/absinto, o que fez com que grande número deles levasse vida de boêmios, destacando-se, entre estes, Emiliano Perneta, Marcelo Gama, Maranhão Sobrinho, Pedro Kilkerry, Ernani Rosas, sobretudo; de outra parte, alguns viveram "sobriedade radical", como Cruz e Sousa, Silveira Neto, Nestor Vítor, Dario Veloso, Durval de Morais.

Contrapondo-se radicalmente ao espírito parnasiano, os poetas simbolistas, no Brasil, embora não alcançassem supremacia hegemônica, marcaram nova concepção e estilo poéticos, dentro das "antíteses verbais" a que se refere Bosi: matéria-espírito, real-ideal, profano-sagrado, racional-emotivo. Contra todo o cientificismo e materialismo, os simbolistas privilegiaram toda uma visão subjetiva, espiritual e transcendental do mundo, a desmaterialização do concreto, a diluição no abstrato, no vago, o poder da sugestão, da evocação e da musicalidade (sem esquecer a inuência de Wagner), o culto da metáfora e da sinestesia ("correspondências" de Baudelaire).

Para o Simbolismo, as palavras não representam realidades, mas devem constituir evocações de uma realidade que vai além dos sentidos. De certa forma, esses poetas se caracterizam por uma "reação negativa comum diante das tradições literárias existentes" (Balakian, 2000, p. 12). Contrapunham eles o mundo interior ao exterior, propunham a predominância da idéia e dos sentimentos sobre a realidade concreta. Em nova linha estética, renovaram o verso em sua métrica, passando a rima a ser menos exigida, o vocabulário tornou-se seleto e precioso, o estilo elíptico, centrado na sugestão e no mistério, provocando o hermetismo.

Péricles Eugênio da Silva Ramos (1968, p. 207 ss) destaca o "ritmo fluido" da métrica dos simbolistas, como a desarticulação rítmica nos alexandrinos de Emiliano Perneta, a que aludem os seus críticos e a "descristalização" dos decassílabos em Cruz e Sousa e Alphonsus de Guimaraens, Mário Pederneiras e Silveira Neto, com acentos na 5.ª e 10.ª, 4.ª e 7.ª sílabas, ou então: "O verso de 9 sílabas, acentuado na 4.ª, grassa como epidemia entre os simbolistas", repontando ainda o pentassílabo e o hendecassílabo e aparecendo o verso livre em Guerra-Duval, bem como outras tentativas de "busca de originalidade, fuga da rotina". E sintetiza diferenças entre parnasianos e simbolistas: "O parnasianismo é plástico e sonoro, o simbolismo é musical, neblinoso, surdinante; o parnasianismo aspira à harmonia, o simbolismo pretende a melodia...".

Fernando Góes (1959, p. 13 ss) lamenta que não tenhamos disponíveis edições originais, para perceber-se como os poetas nefelibatas faziam largo uso do *y*. A exemplo de Mallarmé, serviam-se de recursos gráficos especiais, como os poemas em forma de losango, de da Costa e Silva. Vários simbolistas chegaram ao verso livre e, sobretudo Eduardo Guimarães praticou versos longos de 17 e 19 sílabas: "Trabalha com todos os ritmos, todos os metros, decompõe à sua maneira alexandrinos e decassílabos, e consegue em versos de catorze sílabas grande harmonia, que em nada fere nossos ouvidos...".

O ano oficial da instauração do Simbolismo, no Brasil, é 1893, com a publicação de dois livros de Cruz e Sousa: os poemas em prosa de *Missal*, no dia 28 de fevereiro, e o volume de poemas em versos *Broquéis*, a 9 de novembro, mesmo que sua repercussão, na época, tenha sido parca e tenham recebido apenas amargas críticas, porque sobre o Poeta Negro passaram a convergir todas as atenções... de desprezo, como carro-chefe dos nefelibatas. Não obstante a hegemônica continuidade do Parnasianismo de Bilac, os novos prosseguiram destemida trajetória, fazendo seus adeptos surgirem, no Rio de Janeiro, várias revistas: *Thebaida* (1895), *Rio-Revista* (1895), *Pierrot* (1897), *Vera-Cruz* (1897), *Revista Contemporânea* (1899), tendo sido *Rosa-Cruz* (1901-1904), de Saturnino de Meireles, que se projetou sobremaneira e, em fase posterior, a revista *Fon-Fon* (1908). Mas foi em Curitiba que o movimento se enraizou com mais intensidade, multiplicando-se lá as publicações: *Revista Azul* (1893), *O Cenáculo* (1895), do grupo Dario Veloso, Silveira Neto, Júlio Perneta, *O Sapo* (1898), *Pallium* (1900), *Turris Eburnea* (1900), *Azul* (1900). Em Minas Gerais, o solitário e tímido de Mariana, Alphonsus de Guimaraens, publica duas revistas: *Minas Artística* (1901) e *Horus* (1902). Na Bahia, a revista *Cruzada Nova* (1901-1911) e *Os Anais* (1911) congregam vários adeptos, entre eles Galdino de Castro, Durval de Morais, Pethion de Villar. No Ceará, projeta-se a sociedade da "*Padaria Espiritual*", tendo por órgão oficial *O Pão*. Em São Paulo, surge *A Vida de Hoje* (1896), e a *Revista do Brasil*, fundada por Cunha Mendes em 1898, recebe colaborações de muitos simbolistas. A propósito dessas revistas, Fernando Góis (1959, p. 12) transcreve o seguinte depoimento de Antônio Austregésilo: "A base de todas essas revistas era o escândalo literário, a irreverência, a derrubada, associados às manifestações artísticas dos novos que queriam galgar o monte da celebridade e da glória com as energias indomáveis da inteligência".

Tendo Cruz e Sousa falecido em 1898, a geração dos novos experimentou um grande vazio, de modo que muitos estudiosos consideram terminada a fase simbolista, que se teria resumido no reduzido período de 5 anos, de 1893 a 1898. Entretanto, outros grupos deram prosseguimento aos ideais simbolistas. Andrade Muricy (1986, p. 410 ss) ressalta que, após a morte de Cruz e Sousa, formaram-se dois aglomerados de seus seguidores: seus amigos pessoais – Nestor Vítor, Gustavo Santiago, Oliveira Gomes, Colatino Barroso, Antônio Austregésilo, Neto Machado, Carlos Fróis, Artur de Miranda, Silveira Neto – e o outro grupo constituído por escritores mais jovens, em torno de Saturnino de Meireles, que lançou a revista *Rosa-Cruz*, em 1901 – Félix Pacheco, Carlos D. Fernandes, Gonçalo Jácome, Narciso Araújo, Pereira da Silva, Paulo Araújo, Cassiano Tavares Bastos, Castro Meneses, Maurício Jubim. Um grupo à parte – Gonzaga Duque, Mário Pederneiras e Lima Campos – fundou a revista *Rosa-Cruz*. Em fase posterior, com a revista *Fon-Fon* (1908), projetaram-se Gonzaga Duque, Mário Pederneiras e Lima Campos. E na segunda década do século XX ainda se agrupou uma última geração simbolista, com os gaúchos Álvaro Moreyra, Filipe d'Oliveira e Eduardo Guimarães, como também um grupo de intimistas ou penumbristas: Raul de Leoni, Ribeiro Couto, Onestaldo de Pennafort, Ronald de Carvalho, Rodrigo Otávio Filho, Cecília Meireles, na fase pré-modernista.

Embora sem lograr popularidade, nem projetar-se como um movimento literário prestigiado e respeitado pela sociedade – mesmo porque se tratava de uma expressão literária mais complexa e hermética, cultivando o caráter vago e abstrato, as ressonâncias do mundo interior e aspirações transcendentes – a poesia simbolista granjeou ampla participação, sobretudo nas regiões Centro e Sul do país, como ressaltou Roger Bastide e demonstra o vastíssimo *Panorama* de Andrade Muricy. Possivelmente atentando para essa constante luta com a hegemonia parnasiana, Cassiana L. Carollo (1981, p. 95) observa que "o simbolismo pode ser caracterizado entre nós como movimento feito na base das artes poéticas ou profissões de fé". Em alguns Estados o movimento se projetou com maior intensidade:

Santa Catarina, terra natal de Cruz e Sousa, viu nascer ainda outros poetas simbolistas – Ernani Rosas, Juvêncio de Araújo Figueredo, Oscar Rosas, mas todos eles viveram e produziram mais em outros estados, não acontecendo no Estado a formação de um grupo simbolista.

Minas Gerais foi a terra natal de outro eminente simbolista – Alphonsus de Guimaraens/Afonso Henriques da Costa Guimaraens – também não projetou nenhum destacado grupo, embora inclua outros poetas de certa relevância, como Adolfo Araújo, Adolfo Campos de Araújo, Álvaro de Azevedo Viana – fundador da revista *Horus* –, Archangelus de Guimaraens/Arcanjo Augusto da Costa Guimaraens, Aurélio Neves, Artur de Miranda Ribeiro, Edgar da Mata Machado, Freitas Vale – que escreveu em francês sob o pseudônimo de

Jacques d'Avray –, José Severiano de Resende, Mamede de Oliveira, Murilo Araújo, Viana Castelo,

Paraná condicionou a projeção de relevante número de poetas simbolistas, entre os quais avultam Emiliano Perneta, Dario Veloso – que fundou o Instituto Neo-Pitagórico, em 1909, celebrando cerimônias ritualísticas das Festas da Primavera no harmonioso Templo das Musas –, Silveira Neto e Nestor Vítor, incluindo ainda: Adolfo Jansen Werneck de Capistrano, Aristides de Paula França, Cícero Marcondes França, Domingos Virgílio do Nascimento, Euclides da Mota Bandeira e Silva, Ismael Alves Pereira Martins, João Ferreira Leite Júnior, João/Jean Itiberê da Cunha, João Tiago Peixoto, José Gelbcke, José Henrique de Santa Rita, Júlio Davi Perneta, Reynaldino Scharffenberg de Quadros, Nestor Pereira de Castro, Ricardo Pereira de Lemos.

Rio de Janeiro foi a cidade em que explodiu a poesia nefelibata, embora grande parte dos poetas fosse oriunda de outros estados. Naturais do Estado: Alberto Figueiredo Pimentel, Álvaro Sá de Castro Menezes, Carlos Nelson/Carlos Augusto da Costa Vasconcelos, Cassiano Machado Tavares Bastos, César Câmara de Lima Campos, Emílio Kemp, Gustavo Santiago, Honório Quintanilha Neto Machado, João Belisário Vieira da Cunha, João Antônio de Azevedo Cruz, João Maurício da Costa Jubim, José Alves Félix Pacheco, José Antônio de Oliveira Gomes, José Maria Leitão da Cunha Filho, Langgaard de Menezes Filho, Laura da Fonseca e Silva Brandão, Lucilo Antônio da Cunha Bueno, Mário Veloso Paranhos Pederneiras, Max de Vasconcelos, Paulo Silva Araújo, Rodolfo de Melo Machado, Ronald de Carvalho, Tristão da Cunha/Rodrigo Otávio. Lá Cruz e Sousa escreveu sua poesia simbolista.

Rio Grande do Sul concentrou, igualmente, grupo de poetas simbolistas de boa relevância: Adalberto Guerra Duval, Alceu Wamosy, Álvaro Moreyra da Silva, Eduardo Guimarães, Emílio Kemp, Felipe Daudt d'Oliveira, Homero

Prates, Jaques d'Avray/José de Freitas Vales, João César de Castro, José Picorelli, Marcelo Gama e Zeferino Brasil.

São Paulo: nesse centro cosmopolita surgiram eminentes precursores decadentes, como Teófilo Dias e Venceslau José de Queiroz, tendo lá estudado Carvalho Júnior e Fontoura Xavier, mas não acrescentou nomes expressivos à poesia simbolista. Francisca Júlia a ela aderiu, após sua importante fase parnasiana. Outros nomes de simbolistas foram: Amadeu Ataliba Arruda Amaral Leite Penteado, Antero Augusto de Azevedo Bloem, Antônio de Godói Moreira e Costa, Batista Cepelos, Júlio César da Silva, Júlio Prestes, Leopoldo de Freitas e Orlando Teixeira.

Bahia desenvolveu ativo grupo de poetas: Álvaro Borges dos Reis, Artur Gonçalves de Sales, Astério Barbosa Gomes de Campos, Durval de Morais, Euclides Félix de Matos, Francisco Cavalcani Mangabeira, Galdino de Castro, José Domingues de Almeida, José Maria Leoni, Júlio Afrânio Peixoto, Pedro Kilkerry e Pethion de Vilar/Egas Moniz Barreto de Aragão. Lá brilhou a revista *Nova Cruzada*.

Espírio Santo destacou os poetas Narciso Araújo e José Colatino do Couto Barroso.

Maranhão ostenta, como expressão maior, a figura de Maranhão Sobrinho, Inácio Xavier de Carvalho e Raimundo Corrêa de Araújo.

Rio Grande do Norte – Auta de Sousa e Henrique Castriciano de Sousa.

Paraíba – Antônio Joaquim Pereira da Silva e Carlos Dias Fernandes.

Pernambuco – Antônio Austregésilo Rodrigues Lima e Gonçalo Casimiro Jácome de Araújo.

Sergipe – Augusto Álvaro de Carvalho Aranha, Gamaliel de Barros Mendonça, Hermes Floro Bartolomeu Martins de Araújo Fontes.

Piauí é o estado de nascimento de Antônio Francisco da Costa e Silva e de Jonas Fontenelle da Silva, José Félix Alves Pacheco e Raimundo Zito Baptista.

Ceará participou do Simbolismo com Antônio da Cunha Mendes, José Cabral de Alencar, Lívio Barreto, Luís Tibúrcio de Freitas.

Alagoas – Rodolfo Alves de Faria.

Goiás – Érico Curado.

Entretanto, o Simbolismo, no Brasil, por maior número de adeptos que a ele tenham aderido – segundo demonstra o memorável *Panorama* de Andrade Muricy –, não passou, de acordo com palavras do próprio Muricy (1973, p. 34), de um "corpo estranho, excrescência exótica". Otto Maria Carpeaux, em *Origens e fins* (p. 327) acentua que "o Simbolismo brasileiro recebe só hoje a devida consideração, negligenciado que era sob o regime artificialmente prolongado do Parnasianismo". Alfredo Bosi, na sua *História concisa da literatura brasileira* (1979, p. 300 ss) fala de um "insulamento simbolista", porque, "encravado no longo período realista que o viu nascer e lhe sobreviveu, teve algo de surto epidêmico e não pôde romper a crosta da Literatura oficial". Também Wilson Marins, na *História da inteligência brasileira* (Vol. IV, 1987, p. 439-440) destaca a "extraordinária vitalidade e longevidade de que o Parnasianismo gozou entre nós", e, por isso, ele "reduziu o Simbolismo à condição de *ilha* no seio da impetuosa corrente preponderante". Massaud Moisés (1985, p. 18-20), por sua vez, afirma que "o nosso movimento simbolista não constituiu época literária autônoma; misturou-se ao Parnasianismo"; por outro lado, "as raízes do Modernismo devem ser procuradas no Simbolismo".

A primeira acolhida positiva do Simbolismo, pela crítica, foi a monografia escrita por Nestor Vítor em 1896, intitulada "Cruz e Sousa", somente publicada após a morte do poeta, em 1899. Mas o equilibrado e seguro José Veríssimo, firmado na crítica naturalista, não soube compreender e assimilar a nova poesia, manifestando-se explicitamente contrário à nova poesia no artigo "Um romance simbolista" (sobre Cruz e Sousa) e em "Um poeta simbolista" (sobre Alphonsus de Guimaraens), incluídos, respectivamente, nas séries primeira e segunda de *Estudos de literatura brasileira* (1901). Entretanto, mais tarde, refaz sua avaliação do Cisne Negro, na sexta série de *Estudos de literatura brasileira* (1907). Já Sílvio Romero, nas suas erupções rompantes, observava, em *O livro do centenário* (1900), que conhecera, através de Nestor Vítor, Cruz e Sousa – "a muitos respeitos o melhor poeta que o Brasil tem produzido", texto transcrito por Cassiana L. Carollo, 1981, p. 79 ss.

Na Academia Brasileira de Letras, quem abriu as portas para um elogio ao Simbolismo e à poesia de Cruz e Sousa foi Félix Pacheco, na sua tomada de posse, em 1913 (transcrito por Cassiana L. Carollo, 1981, p. 85 ss). Na história da nossa Literatura, o Simbolismo assumiu, pela primeira vez, *status* definitivo na *Pequena história da literatura brasileira*, de Ronald de Carvalho, em 1919. A primeira antologia que conferiu real destaque ao Simbolismo e à Cruz e Sousa foi *Apresentação da poesia brasileira*, organizada por Manuel Bandeira, em 1946. Entre todos, de incomensurável importância foram os estudos de Roger Bastide, incluídos no livro *A poesia afro-brasileira* (São Paulo: Martins ed., 1943): "A nostalgia do branco", "a poesia noturna de Cruz e Sousa" e "o lugar de Cruz e Sousa no movimento simbolista" (p. 87-128), conferindo ao Cisne Negro autêntica glória universal: "Chegamos ao ponto mais delicado e mais difícil deste estudo, à análise do que há de mais original e talvez intraduzível em Cruz e Sousa e que lhe dá situação à parte na grande tríade harmoniosa: Mallarmé, Stefan George e Cruz e Sousa". E individualiza o autor de *Broquéis*: "Mallarmé continua contemplativo, ao passo que o que domina em Cruz e Sousa é a viagem e a subida, é o dinamismo do arremesso, e isso porque ele era brasileiro do país da saudade, e de origem africana, de uma raça essencialmente sentimental".

Antologias específicas do Simbolismo tivemos as seguintes. Primeiramente, o imprescindível, até hoje, *Panorama do movimento simbolista brasileiro*, de Andrade Muricy, cuja primeira edição, em três volumes, data de 1952, ampliado para sua segunda edição em 1973. Para o vasto *Panorama da poesia no Brasil*, coube a Fernando Góes organizar o volume IV, dedicado ao *Simbolismo* (Rio de Janeiro: Civilização Brasileira, 1959). Pouco depois, o poeta Péricles Eugênio da Silva Ramos preparou a *Poesia simbolista* (São Paulo: Melhoramentos, 1965). Declinando Andrade Muricy do pedido a ele dirigido, Manuel Bandeira organizou a *Antologia dos poetas brasileiros da fase simbolista*, para as Edições Ouro (Rio de Janeiro, 1965).

Nesta Antologia foram englobados os melhores poetas simbolistas, desde sua primeira à derradeira fase. Por critérios de supervisão geral, adotados na organização das diversas antologias que proporcionam um panorama de todo o desenvolvimento da poesia brasileira, diversos poetas que ainda viveram o Simbolismo – como Augusto dos Anjos, Raul de Leoni, Murilo Araújo – foram incluídos em outro volume. A disposição obedece à ordem cronológica de nascimento dos poetas.

Lauro Junkes

Cruz e Sousa

João da Cruz e Sousa nasceu no Desterro, Florianópolis, a 24 de novembro de 1861, filho de negros. Inteligente e dedicado, concluiu o curso secundário em 1876. Inicia seus escritos poéticos em 1879-1880. Foi redator de jornais como *O Moleque*. Estréia com o livro *Tropos e fantasias*, em conjunto com Virgílio Várzea. Em 1890, animado por Virgílio Várzea, Cruz e Sousa segue para o Rio de Janeiro, tornando-se adepto da Escola Nova. 1893 tornou-se marco histórico-literário, com a publicação dos livros de Cruz e Sousa: *Missal* (prosa) e *Broquéis* (poesia), deflagrando o Simbolismo. No mesmo ano casou com Gavita, e obteve modesto emprego de arquivista na Estrada de Ferro Central do Brasil. Nascem os filhos e a pobreza aumenta, logo secundada pela doença, vendo filhos morrerem. Em inícios de 1898, é transportado para melhor clima, em Sítio (MG), mas não resiste e falece, a 19 de março.

Pouco reconhecido em vida, sua consagração iniciou com a ala espiritualista do Modernismo – Tasso da Silveira, Cecília Meireles, Jorge de Lima, Andrade Muricy, Murilo Araújo e outros. Roger Bastide confere ao Cisne Negro "situação à parte na grande tríade harmoniosa: Mallarmé, Stephan George e Cruz e Sousa".

ANTÍFONA

Ó Formas alvas, brancas, Formas claras,
De luares, de neves, de neblinas!...
Ó Formas vagas, fluidas, cristalinas.
Incensos dos turíbulos das aras...

Formas do Amor, constelarmente puras,
De Virgens e de Santas vaporosas...
Brilhos errantes, mádidas frescuras
E dolências de lírios e de rosas...

Indefiníveis músicas supremas,
Harmonias da Cor e do perfume...
Horas do Ocaso, trêmulas, extremas,
Réquiem do Sol que a Dor da Luz resume...

Visões, salmos e cânticos serenos,
Surdinas de órgãos flébeis, soluçantes...
Dormências de volúpicos venenos
Sutis e suaves, mórbidos, radiantes...

Infinitos espíritos dispersos,
Inefáveis, edênicos, aéreos,
Fecundai o Mistério destes versos,
Com a chama ideal de todos os mistérios.

Do Sonho as mais azuis diafaneidades
Que fuljam, que na Estrofe se levantem
E as emoções, todas as castidades
Da alma do Verso, pelos versos cantem.

Que o pólen de ouro dos mais finos astros
Fecunde e inflame a rima clara e ardente...
Que brilhe a correção dos alabastros
Sonoramente, luminosamente.

Forças originais, essência, graça
De carnes de mulher, delicadezas...
Todo esse eflúvio que por ondas passa
Do Éter nas róseas e áureas correntezas...

Cristais diluídos de clarões alacres,
Desejos, vibrações, ânsias, alentos,
Fulvas vitórias, triunfalmente acres,
Os mais estranhos estremecimentos...

Flores negras do tédio e flores vagas
De amores vãos, tantálicos, doentios...
Fundas vermelhidões de velhas chagas
Em sangue, abertas, escorrendo em rios...

Tudo! vivo e nervoso e quente e forte,
Nos turbilhões quiméricos do Sonho,
Passe, cantando, ante o perfil medonho
E o tropel cabalístico da Morte...

Broquéis (1893)

SIDERAÇÕES

Para as Estrelas de cristais gelados
As ânsias e os desejos vão subindo,
Galgando azuis e siderais noivados
De nuvens brancas a amplidão vestindo...

Num cortejo de cânticos alados
Os arcanjos, as cítaras ferindo,
Passam, das vestes nos troféus prateados,
As asas de ouro finamente abrindo...

Dos etéreos turíbulos de neve
Claro incenso aromal, límpido e leve,
Ondas nevoentas de Visões levanta...

E as ânsias e os desejos infinitos
Vão com os arcanjos formulando ritos
Da Eternidade que nos Astros canta...

Ibidem

ACROBATA DA DOR

Gargalha, ri, num riso de tormenta,
Como um palhaço, que desengonçado,
Nervoso, ri, num riso absurdo, inflado
De uma ironia e de uma dor violenta.

Da gargalhada atroz, sanguinolenta,
Agita os guizos, e convulsionado
Salta, gavroche, salta *clown*, varado
Pelo estertor dessa agonia lenta...

Pedem-te bis e um bis não se despreza!
Vamos! Retesa os músculos, retesa
Nessas macabras piruetas d'aço...

E embora caias sobre o chão, fremente,
Afogado em teu sangue estuoso e quente,
Ri! Coração, tristíssimo palhaço.

Ibidem

VIOLÕES QUE CHORAM...

Ah! plangentes violões dormentes, mornos,
Soluços ao luar, choros ao vento...
Tristes perfis, os mais vagos contornos,
Bocas murmurejantes de lamento.

Noites de além, remotas, que eu recordo,
Noites da solidão, noites remotas
Que nos azuis da Fantasia bordo,
Vou constelando de visões ignotas.

Sutis palpitações à luz da lua,
Anseio dos momentos mais saudosos,
Quando lá choram na deserta rua
As cordas vivas dos violões chorosos.

Quando os sons dos violões vão soluçando,
Quando os sons dos violões nas cordas gemem,
E vão dilacerando e deliciando,
Rasgando as almas que nas sombras tremem.

Harmonias que pungem, que laceram,
Dedos Nervosos e ágeis que percorrem
Cordas e um mundo de dolências geram
Gemidos, prantos, que no espaço morrem...

E os sons soturnos, suspiradas mágoas,
Mágoas amargas e melancolias,
No sussurro monótono das águas,
Noturnamente, entre ramagens frias.

Vozes veladas, veludosas vozes,
Volúpias dos violões, vozes veladas,
Vagam nos velhos vórtices velozes
Dos ventos, vivas, vãs, vulcanizadas.

Tudo nas cordas dos violões ecoa
E vibra e se contorce no ar, convulso...
Tudo na noite, tudo clama e voa
Sob a febril agitação de um pulso.

Que esses violões nevoentos e tristonhos
São ilhas de degredo atroz, funéreo,
Para onde vão, fatigadas do sonho,
Almas que se abismaram no mistério.

Sons perdidos, nostálgicos, secretos,
Finas, diluídas, vaporosas brumas,
Longo desolamento dos inquietos
Navios a vagar à flor de espumas.

Oh! languidez, languidez infinita,
Nebulosas de sons e de queixumes,
Vibrado coração de ânsia esquisita
E de gritos felinos de ciúmes!

Que encantos acres nos vadios rotos
Quando em toscos violões, por lentas horas,
Vibram, com a graça virgem dos garotos,
Um concerto de lágrimas sonoras!

Quando uma voz, em trêmulos, incerta,
Palpitando no espaço, ondula, ondeia,
E o canto sobe para a flor deserta,
Soturna e singular da lua cheia.

Quando as estrelas mágicas florescem,
E no silêncio astral da Imensidade
Por lagos encantados adormecem
As pálidas ninféias da Saudade!

Como me embala toda essa pungência,
Essas lacerações como me embalam,
Como abrem asas brancas de demência
As harmonias dos Violões que falam!

Que graça ideal, amargamente triste,
Nos lânguidos bordões plangendo passa...
Quanta melancolia de anjo existe
Nas visões melodiosas dessa graça.

Que céu, que inferno, que profundo inferno,
Que ouros, que azuis, que lágrimas, que risos,
Quanto magoado sentimento eterno
Nesses ritmos trêmulos e indecisos...

Que anelos sexuais de monjas belas
Nas ciliciadas carnes tentadoras,
Vagando no recôndito das celas,
Por entre as ânsias dilaceradoras...

Quanta plebéia castidade obscura
Vegetando e morrendo sobre a lama,
Proliferando sobre a lama impura,
Como em perpétuos turbilhões de chama.

Que procissão sinistra de caveiras,
De espectros, pelas sombras mortas, mudas...
Que montanhas de dor, que cordilheiras
De agonias aspérrimas e agudas.

Véus neblinosos, longos, véus de viúvas
Enclausuradas nos ferais desterros,
Errando aos sóis, aos vendavais e às chuvas,
Sob abóbadas lúgubres de enterros;

Velhinhas quedas e velhinhos quedos,
Cegas, cegos, velhinhas e velhinhos,
Sepulcros vivos de senis segredos,
Eternamente a caminhar sozinhos;

E na expressão de quem se vai sorrindo,
Com as mãos bem juntas e com os pés bem juntos
E um lenço preto o queixo comprimindo,
Passam todos os lívidos defuntos...

E como que há histéricos espasmos
Na mão que esses violões agita, largos...
E o som sombrio é feito de sarcasmos
E de Sonambulismos e letargos.

Fantasmas de galés de anos profundos
Na prisão celular atormentados,
Sentindo nos violões os velhos mundos
Da lembrança fiel de áureos passados;

Meigos perfis de tísicos dolentes
Que eu vi dentre os violões errar gemendo,
Prostituídos de outrora, nas serpentes
Dos vícios infernais desfalecendo;

Tipos intonsos, esgrouviados, tortos,
Das luas tardas sob o beijo níveo,
Para os enterros dos seus sonhos mortos
Nas queixas dos violões buscando alívio;

Corpos frágeis, quebrados, doloridos,
Frouxos, dormentes, adormidos, langues,
Na degenerescência dos vencidos
De toda a geração, todos os sangues;

Marinheiros que o mar tornou mais fortes,
Como que feitos de um poder extremo
Para vencer a convulsão das mortes,
Dos temporais o temporal supremo;

Veteranos de todas as campanhas,
Enrugados por fundas cicatrizes,
Procuram nos violões horas estranhas,
Vagos aromas, cândidos, felizes.

Ébrios antigos, vagabundos velhos,
Torvos despojos da miséria humana,
Têm nos violões secretos Evangelhos,
Toda a Bíblia fatal da dor insana.

Enxovalhados, tábidos palhaços
De carapuças, máscaras e gestos
Lentos e lassos, lúbricos, devassos,
Lembrando a florescência dos incestos;

Todas as ironias suspirantes
Que ondulam no ridículo das vidas,
Caricaturas tétricas e errantes,
Dos malditos, dos réus, dos suicidas;

Toda essa labiríntica nevrose
Das virgens nos românticos enleios;
Os ocasos do Amor, toda a clorose
Que ocultamente lhes lacera os seios;

Toda a mórbida música plebéia
De requebros de fauno e ondas lascivas;
A langue, mole e morna melopéia
Das valsas alanceadas, convulsivas;

Tudo isso, num grotesco desconforme,
Em ais de dor, em contorções de açoites,
Revive nos violões, acorda e dorme
Através do luar das meias noites.

Faróis (1900)

VIDA OBSCURA

Ninguém sentiu o teu espasmo obscuro,
Ó ser humilde entre os humildes seres.
Embriagado, tonto dos prazeres,
O mundo para ti foi negro e duro.

Atravessaste no silêncio escuro
A vida presa a trágicos deveres
E chegaste ao saber de altos saberes
Tornando-te mais simples e mais puro.

Ninguém te viu o sentimento inquieto,
Magoado, oculto e aterrador, secreto,
Que o coração te apunhalou no mundo.

Mas eu que sempre te segui os passos
Sei que cruz infernal prendeu-te os braços
E o teu suspiro como foi profundo!

Últimos sonetos (1905)

CÁRCERE DAS ALMAS

Ah! Toda a alma num cárcere anda presa,
Soluçando nas trevas, entre as grades
Do calabouço olhando imensidades,
Mares, estrelas, tardes, natureza.

Tudo se veste de uma igual grandeza
Quando a alma entre grilhões as liberdades
Sonha e, sonhando, as imortalidades
Rasga no etéreo Espaço da Pureza.

Ó almas presas, mudas e fechadas
Nas prisões colossais e abandonadas,
Da Dor no calabouço, atroz, funéreo!

Nesses silêncios solitários, graves,
Que chaveiro do Céu possui as chaves
Para abrir-vos as portas do Mistério?

Ibidem

SUPREMO VERBO

– Vai, Peregrino do caminho santo,
Faz da tu'alma lâmpada do cego,
Iluminando, pego sobre pego,
As invisíveis amplidões do Pranto.

Ei-lo, do Amor o cálix sacrossanto!
Bebe-o, feliz, nas tuas mãos o entrego.
Eis o filho leal, que eu não renego,
Que defendo nas dobras do meu manto.

Assim ao Poeta a Natureza fala!
Enquanto ele estremece ao escutá-la,
Transfigurado de emoção sorrindo...

Sorrindo a céus que vão se desvendando,
A mundos que se vão multiplicando,
A portas de ouro que se vão abrindo!

Ibidem

O ASSINALADO

Tu és o louco da imortal loucura,
O louco da loucura mais suprema.
A terra é sempre a tua negra algema,
Prende-te nela a extrema Desventura.

Mas essa mesma algema de amargura,
Mas essa mesma Desventura extrema
Faz que tu'alma suplicando gema
E rebente em estrelas de ternura.

Tu és o Poeta, o grande Assinalado
Que povoas o mundo despovoado,
De belezas eternas, pouco a pouco.

Na Natureza prodigiosa e rica
Toda a audácia dos nervos justifica
Os teus espasmos imortais de louco!

Ibidem

O GRANDE SONHO

Sonho profundo, ó Sonho doloroso,
Doloroso e profundo Sentimento!
Vai, vai nas harpas trêmulas do vento
Chorar o teu mistério tenebroso.

Sobe dos astros ao clarão radioso,
Aos leves fluidos do luar nevoento,
As urnas de cristal do firmamento,
Ó velho Sonho amargo e majestoso!

Sobe às estrelas rútilas e frias,
Brancas e virginais eucaristias,
De onde uma luz de eterna paz escorre.

Nessa Amplidão das Amplidões austeras
Chora o Sonho profundo das Esferas,
Que nas azuis Melancolias morre.

Ibidem

SORRISO INTERIOR

O ser que é ser e que jamais vacila
Nas guerras imortais entra sem susto,
Leva consigo este brasão augusto
Do grande amor, da grande fé tranqüila.

Os abismos carnais da triste argila
Ele os vence sem ânsias e sem custo...
Fica sereno, num sorriso justo,
Enquanto tudo em derredor oscila.

Ondas interiores de grandeza
Dão-lhe esta glória em frente à Natureza,
Esse esplendor, todo esse largo eflúvio.

O ser que é ser transforma tudo em flores
E para ironizar as próprias dores
Canta por entre as águas do Dilúvio!

Ibidem

TRIUNFO SUPREMO

Quem anda pelas lágrimas perdido,
Sonâmbulo dos trágicos flagelos,
É quem deixou para sempre esquecido
O mundo e os fúteis ouropéis mais belos!

É quem ficou do mundo redimido,
Expurgado dos vícios mais singelos
E disse a tudo o adeus indefinido
E desprendeu-se dos carnais anelos!

Quem entrou por todas as batalhas
As mãos e os pés e o anco ensangüentando,
Amortalhado em todas as mortalhas.

Quem florestas e mares foi rasgando
E entre raios, pedradas e metralhas,
Ficou gemendo, mas ficou sonhando!

Ibidem

ASSIM SEJA

Fecha os olhos e morre calmamente!
Morre sereno do Dever cumprido!
Nem o mais leve, nem um só gemido
Traia, sequer, o teu Sentir latente.

Morre com a alma leal, clarividente,
Da crença errando no Vergel florido
E o Pensamento pelos céus, brandido
Como um gládio soberbo e refulgente.

Vai abrindo sacrário por sacrário
Do teu Sonho no templo imaginário,
Na hora glacial da negra Morte imensa...

Morre com o teu Dever! Na alta confiança
De quem triunfou e sabe que descansa
Desdenhando de toda a Recompensa!

Ibidem

Araújo Figueredo

Juvêncio de Araújo Figueredo nasceu no Desterro, Florianópolis, a 27 de setembro de 1864. Não chegou a completar nem as letras primárias. Não pôde desenvolver a inclinação natural para o desenho, porque, adolescente, perde a mãe e o pai, tornando-se ele o arrimo da família. Por longos anos, sua vida foi um peregrinar por diversos locais – Coqueiros, Rio de Janeiro, Tubarão, Tijucas, Santos, São Paulo, Campinas, Laguna – em diversificadas tentativas de trabalho: agricultura, olaria, pesca, jornalismo, promotor público, tipógrafo, até, aos poucos, estabilizar-se no Congresso Estadual, onde posteriormente ascendeu ao cargo de subdiretor, exercendo as funções de diretor quando a morte o colheu, a 6 de abril de 1927.

Seu poema, na inicial fase romântica, vem impregnado de forte sentimento da natureza. A seguir, irmanando-se ao Simbolismo de Cruz e Sousa, assume a temática da dor, do destino trágico e da morte, aspirando à transcendência. Finalmente, adota o Parnasianismo, burilando sonetos sobre a temática do mar.

EMPAREDADO

Por planícies e aspérrimas montanhas
Andei errando como um beduíno,
E contei ao luar o meu destino,
Velado por dragões de atras entranhas.

E a ti, ó sol, que de purezas banhas
Os campos verdes, num clarão divino,
Contei, também, chorando, o desatino
Das minhas ânsias trágicas, estranhas.

Mas não contei ao mar as minhas ânsias,
Ao largo mar perdido nas distâncias,
Para não vê-lo, dessa vez, cavado.

Pois esse mar é um coração doente,
Igual ao meu, e vive eternamente,
Eternamente triste e emparedado.

Praias de minha terra, Poesias (1966)

SOMBRAS AMIGAS

Sombras da noite, leves como as aves,
Aconchegos e frêmitos de amores,
Que em nossas asas de esquisitas cores
Subam para o Alto os meus anseios graves.

Sombras flébeis, tenuíssimas, suaves,
Emigras de um chão de negras flores,
Levai-me as mágoas e as secretas dores
Pelas mais altas e silenciosas naves...

Ascendendo às alturas das montanhas,
Que os meus anseios de ferais entranhas,
Que todo esse clamor de ansiedade,

Erre junto de nós, sombras da noite,
E numa estrela rútila se acoite,
Em busca de repouso e de piedade.

Versos antigos, Poesias (1966)

AS NOSSAS ÂNSIAS

Para as estrelas vão as nossas ânsias;
Todas as ânsias que na Dor sentimos...
São aves que se perdem nas distâncias;
E, nas asas dos sonhos, as seguiram.

E lá, mais delicadas que fragrâncias
Dos liriais que no caminho vimos,
Todas elas, vestidas de flamâncias,
São as árias da luz, que no ar ouvimos.
Mas as ânsias que vão, serenamente,
Para as estrelas, e por lá, na albente
Doçura casta das estrelas ficam,

São, com certeza, aquelas que, no mundo,
Neste sinistro báratro profundo,
Nos cadinhos do amor se purificam.

Ibidem

ASA GUIADORA

Maria, em troca dos meus tormentos
Que são tão frios, que são tão frios,
Iguais aos ventos em rodopios
No mar do sul,
Dize, Maria, se eu nesse Azul
Terei a graça de me encontrar
Contigo, no mesmo Abrigo,
Na *Turris eburnea* do luar.

E se eu entrar no teu Abrigo,
Na *Turris eburnea* do luar,
Terei a imensa felicidade
De te beijar as mãos piedosas,
As mãos formosas, miraculosas,
Muito mais plenas de castidade
Do que as rosas?

E se eu beijá-las
Encontrarei alívio a todos os meus prantos,
E aos meus ais, que são tantos
Como os grãos do areal da praia nua
Por onde correm os vendavais?

Dizes que eu suba ao Bergantim da lua,
Que é o teu bergantim de marfim,
E não tema viajar por entre os sóis,
E as formosas estrelas diamantinas,
Nas regiões divinas
Onde existem milhares de faróis...

Mas quem me estenderá
A mão banhada de doçuras?
E quem me levará a essas grandes alturas
Onde o teu bergantim de marfim
Ao nosso olhar saudoso, esplêndido aparece?
....
– "Busca
"A asa amorosa, a asa feliz, a asa sagrada
"Da Prece
"Que é uma ave azul;
"E ela te levará aos longínquos espaços,
"Na bendita cruzada, onde nada se ofusca
"Porque Jesus lá está no Cruzeiro do Sul,
"E a todos abre os braços...

E por quem deve orar, sob o fulgor dessa asa
Guiadora, através dos longes infinitos?
– "Ora pelos aflitos".

Novenas de maio, Poesias (1966)

Emiliano Perneta

Emiliano David Antunes nasceu no Sítio dos Pinhais, perto de Curitiba, em 3 de janeiro de 1866. Apelidado "perneta", incorporou-o ao nome. Após estudos iniciais, matriculou-se, em 1883, na Faculdade de Direito, de São Paulo, gozando de grande prestígio entre os colegas estudantes. Espírito boêmio e dado a excentricidades, impunha-se com exuberância e gracioso brilho da sua palavra. Dirigiu e fundou periódicos literários. Em 1889 regressou ao Paraná, depois, no Rio, concentrou grupo de escritores que iniciariam o Simbolismo. Adoecido, deixa o Rio e a boemia e, após passagem por Minas Gerais, retorna ao Paraná em 1895. Advogou, intensificou o jornalismo, assumiu a função de auditor de guerra. Funda revistas e torna-se agitador da vida literária. Instala e preside o Centro de Letras do Paraná. Foi chamado de "príncipe dos poetas paranaenses". Na década de 1910, viveu profunda crise espiritual e encheu-se de fé em Deus. Faleceu em Curitiba a 19 de janeiro de 1921. Para Andrade Muricy (1973, p. 289), "gracioso, emotivo, espetacular, excêntrico, paradoxal, Emiliano Perneta foi a personalidade mais curiosa do Simbolismo, no Brasil".

VENCIDOS

Nós ficaremos, como os menestréis da rua,
Uns infames reais, mendigos por incúria,
Agoureiros da Treva, adivinhos da Lua,
Desferindo ao luar cantigas de penúria?

Nossa cantiga irá conduzir-nos à tua
Maldição, ó Roland?... E, mortos pela injúria,
Mortos, bem mortos, e, mudos, a fronte nua,
Dormiremos ouvindo uma estranha lamúria?

Seja. Os grandes um dia hão de cair de bruço...
Hão de os grandes rolar dos palácios infetos!
E gloria à fome dos vermes concupiscentes!

Embora, nós também, nós, num rouco soluço,
Corda a corda, o violão dos nervos inquietos
Partamos! inquietando as estrelas dormentes!

Ilusão (1911)

GLÓRIA

Ao I. Serro Azul

Quando um dia eu descer às margens desse lago
Estígio, onde Caron, mediante uma parca
Moeda de estanho vil ou cobre, que eu lhe pago,
Há de me transportar numa sombria barca...

Quando sem um sinal, sem uma prova ou marca
De afeição, eu me for por esse abismo vago,
Vendo que sobre mim funebremente se arca
O céu, e junto a mim esse Caron pressago...

E envolvido na mais completa obscuridade,
Abandonado, e só, e triste, e silencioso,
Sem a sombra sequer do orgulho e da vaidade,

Eu tiver de rolar no olvido, que me espera,
Que ao menos possa ver o palácio radioso,
Feito de louro e sol e mirto e ramos de hera!

Ibidem

ORAÇÃO DA NOITE

A Nestor Vítor

Já de sombra se encheu o vale, que murmura,
Já se envolveu na treva a montanha, e o mar,
Ao longe, não é mais do que uma nódoa escura...
São horas de dormir; Maria: vem rezar.

Ajoelha-te aqui, em face das estrelas,
E em primeiro lugar, minha filha, bendiz
A luz, que te criou formosa entre as mais belas,
E que te fez alegre, e portanto feliz.

Em seguida, bendize a terra e aqueles pobres
E mansos animais, e toda a criação:
A ovelha que te deu a lã, de que te cobres,
O boi que te ajudou, hoje, a ganhar o pão.

Abençoa também as árvores, o ramo
Carregado de fruto, as aléias em flor,
Onde correste mais ligeira do que um gamo,
A fronte a rorejar em gotas de suor.

Reza por todos e por tudo, porém reza,
Principalmente, pelos bons, que são os teus,
Na verde catedral, chamada Natureza,
Única onde se pode inda falar com Deus.

Reza por todos os lutadores, Maria,
Que andam de arado em punho e de enxada na mão,
Cavando, sabe Deus, o pão de cada dia
Com que amargura, mas com que resignação!

Vê que silêncio tem a noite, e quão secreta
E misteriosamente, a lua apareceu,
Descabelada, assim como uma Julieta,
Doida, a correr, atrás dum pálido Romeu...

Vai, bendize essa paz, abençoa essas águas,
Que murmuram, à noite, églogas ideais,
Como uma ninfa que soluçasse de mágoas,
Entre um vale de murta e um bosque de rosais...

Finalmente, abençoa a carícia do sono,
Que eu já vejo descer sobre os teus olhos nus,
Inda mais leve do que uma folha d'outono,
Mais leve do que o som, mais leve do que a luz.

Suga como um vampiro esse doirado vinho,
Que nos faz esquecer tudo de uma só vez,
E é o caminho mais curto, e o melhor caminho,
E o manto que nos cobre a dor e a nudez!

Setembro (1934)

AO CAIR DA TARDE

Agora nada mais. Tudo silêncio. Tudo,
Esses claros jardins com flores de giesta,
Esse parque real, esse palácio em festa,
Dormindo à sombra de um silêncio surdo e mudo...

Nem rosas, nem luar, nem damas... Não me iludo.
A mocidade aí vem, que ruge e que protesta,
Invasora brutal. E a nós que mais nos resta,
Senão ceder-lhe a espada e o manto de veludo?

Sim, que nos resta mais? Já não fulge e não arde
O sol! E no covil negro deste abandono,
Eu sinto o coração tremer como um covarde!

Para que mais viver, folhas tristes do outono?
Cerra-me os olhos, pois, Senhor. É muito tarde.
São horas de dormir o derradeiro sono.

Ibidem

Nestor Vítor

Nestor Vítor dos Santos nasceu em Paranaguá, Paraná, em 12 de abril de 1868. Nos tempos de estudante, participou do movimento abolicionista e depois do republicano. No Rio, desde 1888, freqüenta o Externato João de Deus, torna-se professor e vice-diretor do Internato do Ginásio Nacional, depois Colégio Pedro II e colabora com vários jornais. Com a fixação definitiva de Cruz e Sousa no Rio, em 1890, torna-se o seu mais fiel e íntimo amigo – amizade celebrada no tríptico "Pacto das almas" – e editor dos livros do Cisne Negro, após a morte desse, golpe que sentiu terrivelmente. Em 1901 partiu para Paris, onde lecionou, fez traduções e foi correspondente de jornais. De retorno ao Brasil, em 1917 foi deputado estadual e depois professor na Escola Superior de Comércio, continuando a escrever para jornais. Promoveu, em 1923, a primeira edição das *Obras completas* de Cruz e Sousa. Faleceu em 13 de outubro de 1932. Espírito aberto e compreensivo, prestigiou grandemente os simbolistas, tornando-se o crítico por excelência dessa escola e, depois, dos modernistas.

MORTE PÓSTUMA

Et vraiment quand la morte viendra
que reste-t-il?

P. Verlaine

Desses nós vemos: lá se vão na vida,
Olhos vagos, sonâmbulos, calados;
O passo é a inconsciência repetida,
E os sons que têm são como que emprestados.

– Dia de luz. – Respiração contida
Para encontrá-los despreocupados,
Aí vem a morte, estúpida e bandida,
Rangendo em seco os dentes descarnados.

Mas embalde ela chega, embalde os chama:
Ali não acha nem de longe aqueles
Grandes assombros que aonde vai derrama!

E abre espantada os cavos olhos tortos:
Vê que eles têm os olhos vítreos, que eles...
Eles já estão há muito tempo mortos!

Transfigurações (1902)

A VISITA

Vemo-nos face a face. Incendidos, magoados,
Como no eclipse o sol, são seus olhos funéreos.
Ela tem mãos de lobo. E os dois globos parados
Ficam no meu olhar, melancólicos, sérios.

Cabeça ao alto, entanto, ares transfigurados,
Em silêncio feral, deusa dos cemitérios,
Olho-te. Mas vede: audazes, rebelados,
Andam no meu semblante uns sorrisos aéreos.

Enfim... enfim se esvai! Finalmente desfeito
Vejo o negro fantasma. O coração eu sinto,
Ora, qual pedra bruta, estacado no peito.

Tenho, e percebo enfim, eriçado o cabelo,
Covas fundas na face, o sopro quase extinto,
E o corpo na algidez de uma estátua de gelo.

Ibidem

DUETO DE SOMBRAS

Ah! descuidosa Ofélia, é o irresistível que me está chamando,
Mas não te deixarei abandonada...
A coroa de rosas desfolhando,
Não pela doida correnteza,
– Mãos esguias de cera enregelada –,
Irás, mas docemente, aos meus dois braços presa,
Teu olhar, a sorrir, no meu olhar fitando.

– Mas como é frio este caminho!
– Abriga-te em meu manto de loucura!
– Estás tão alto! Não alcanço o teu carinho...
Eu era mais feliz com a paz que há na planura...

– Sobe! – Subirei, que te amo!
– Sobe, sofrendo embora! Leva para o alto a fé!
Lá em cima de uma árvore nova pende um ramo
(Palma? Loureiro? – áureo e viril) que não se sabe para quem é.

Turris eburnea (1900)

OS VERSOS

Versos... são candelabros que se tocam
Tirando estrelas do cristal ferido...
Óleo de que perfumes se deslocam...
Estranhos, num vapor vago e fluido...

Bergantins marchetados de ouro e prata
A balouçar num mar sonoro e ardente,
Que todo em nenúfares se desata
E em ilhas verdes, infinitamente...

Versos... largas cadeias de diamante,
Lançadas de um extremo a outro da Terra,
Para pô-la risonha e soluçante,
– Áureas grilhetas de amorosa guerra...

Flores do Desespero, doloridas,
Lírios feitos de sangue, transmudados,
Sob o ardor das insônias homicidas
Qual um *punch* a luz verde germinados...

Versos! que alma sonora e tumultuosa
– Céu em que os astros chocam-se cantando –
Que alma grande, alma nobre, alma ansiosa
Não vos anda risonha procurando.

Dos Eleitos vós sois os mensageiros!
Canta, por eles, florescente rima,
Por eles mergulhais, filtros traiçoeiros,
As almas numa embriaguez opima.

Adernando-vos leves e graciosos
É que o Poeta arrebata e nos transporta
Para aqueles países fabulosos
Do Sonho, abrindo ao Infinito a porta.

Não pode alguém se libertar dos laços
Sob os quais o tenhais escravizado
Enquanto lhe ritmar, sonora, os passos
A grilheta de um verso terso e ousado.

Ah! toda esta ânsia que nos arde ao seio,
Todo este fogo que nos queima a boca,
Se revela das formas neste anseio,
Nesta sofreguidão absurda e louca.

Porém, se nós pudéssemos apenas
Abrir os olhos, dominar o Mundo,
E em atitudes nobres e serenas
Mostrar-lhe todo o nosso estranho fundo...

Se em palavras se dissesse tudo,
Num ardor, num cantar vivo e direto,
Fora melhor que se ficasse mundo:
Era mais simples e era mais completo...

Transfigurações (1902)

Mário Pederneiras

Mário Veloso Paranhos Pederneiras nasceu no Rio de Janeiro em 2 de novembro de 1869. Interrompeu a Faculdade de Direito no 2.º ano, exerceu, sobretudo, o jornalismo, foi funcionário da "Sul América" e taquígrafo do Senado. Fundou várias revistas, tendo sido *Fon-Fon*, de 1908, a principal, tornando-se órgão representativo da última geração simbolista. Inicialmente, sua poesia teve forte influência de Cruz e Sousa. Foi um dos introdutores do verso livre, sem suprimir completamente a rima. Poeta intimista, humanista, chamado "poeta do lar", de notável senso evocativo, para ele, "a Poesia de hoje é mais humanista, mais sentimental e, talvez, menos indiferente. Prefere falar à Alma a seduzir o ouvido". Faleceu no Rio de Janeiro em 8 de fevereiro de 1915. Para Carpeaux (p. 223), "o representante do simbolismo da capital federal exerceu influência considerável sobre o grupo de poetas pós-simbolistas dentro do movimento modernista".

NATAL D'ALVA

Horas primeiras, mórbidas, brumáceas,
Fofas, do fofo ácido d'arminhos,
Da redolência pulcra das Acácias,
Baças, do baço dos primeiros linhos.

Dia em começo pela Serra oblonga...
Lentos, primeiros tons castos e alvos
E uma réstia de Luz trêfega e longa
S'esgueira álacre sobre os Campos malvos.

Restos de Noite ácidos afasta
Puro, branco de gazes,
Na Conceição purificante e casta
De uma sonora e azul Manhã de Pazes.

Manhã primeira, d'alvas indolências,
De claros tons, diáfanos, empíreos,
Que enflora a Terra em noivas albescências
Para o Natal dos Lírios.

E Jó pausado pelos Campos desce
Dessa brancura excelsa aureolado,
Solenemente lento, acarinhado
Das alegrias matinais da Prece.

A aragem canta o Ritual de um Coro.
De longe vê, numa brumal intensa,
Subindo no Ar – toda velada de ouro –
A névoa fina que um Trigal incensa.

E quando longe o pasmo Olhar mergulha
Vê s'esgarçando a palidez da Hora.
É SATÃ que essa Luz ferve e borbulha
Para a infernal germinação d'Aurora.

Pouco a pouco se aloira
Dos Horizontes toda a orla extensa
E para os Céus vai se elevando loira
A névoa fina que um Trigal incensa.

E régio e petulante
Por alvuras de linho machucadas,
Passa um raio de Sol flavo e cantante
Griperlizando a luz das Alvoradas.

Agonia (1900)

MEU CASAL

Fica distante da cidade e em frente
À remansosa paz de uma enseada,
Esta dos meus romântica morada,
Que olha de cheio para o Sol nascente.

Árvores dão-lhe a sombra desejada
Pela calma feição da minha gente,
E ela toda se ajusta ao tom dolente
Das cantigas que o Mar lhe chora à entrada.

Lá dentro o teu olhar de calmos brilhos,
Todo o meu bem e todo o meu empenho,
E a sonora alegria de meus filhos.

Outros que tenham com mais luxo o lar,
Que a mim me basta, flor, o que aqui tenho,
Árvores, filhos, teu amor e o mar.

Histórias do meu casal (1906)

DESOLAÇÃO

Pela Estrada da Vida ampla – coberta
De um longo velo pesaroso e baço,
Hás de encontrá-la muita vez alerta
Na longa rota do teu longo passo.

Por caminhos de pedras e sargaço
Há de levar-te pela mão incerta,
Até que, exausto em Mágoas e Cansaço,
Te seja a Vida intérmina e deserta.

Verás em tudo Solidão e Escolhos
E da Tristeza a tétrica figura
Estampada trarás nos próprios olhos.

E então, em Mágoas e Pavor clamando,
Hás de vê-la passar na Noite escura
A mortalha dos sonhos arrastando.

Rondas noturnas (1901)

TRECHO FINAL

Meia-tinta de cor dos ocasos do Outono,
Sonho que uma ilusão sobre a vida nos tece
E perfume sutil de uma folha de trevo
São, decerto, a feição deste livro que escrevo
Neste ambiente de silêncio e sono,
Nesta indolência de quem convalesce.

Meu livro é um jardim na doçura do Outono
E que a sombra amacia
De carinho e de afago
Da luz serena do final do dia;
É um velho jardim dolente e triste

Com um velho local de silêncio e de sono
Já sem luz de verão que o doire e tisne,
Mas onde ainda existe
O orgulho de um Cisne
E a água triste de um Lago.

Outono (1921)

Dario Velozo

Nascido no Rio de Janeiro, a 26 de novembro de 1869, Dario Persiano de Castro Velozo viveu em Curitiba. Educador e pensador, foi catedrático de História Universal e do Brasil no Ginásio Paranaense. Orador vivaz e imaginoso, fundou em 1909 o Instituto Neo-Pitagórico e edificou na sua chácara "Retiro Saudoso" o "Templo das Musas", onde presidia a cerimônias ritualísticas e celebrações, apaixonado pelas doutrinas ocultistas. Fundou diversas revistas, entre elas *O Cenáculo*. Morreu em Curitiba em 28 de setembro de 1937.

Intelectual e humanitário, sua produção literária abrange os gêneros poesia, narrativa, ensaio, oratória, história. Suas composições poéticas compreendem sonetos e poemas variados, envolvendo freqüente expressão lírico-amorosa, apreciando as horas serenas do ocaso ("No silêncio da tarde que se esfola"), invocando a "Musa imortal de meus poemas", ao adentrar ambientes soturnos e sepulcrais, para reviver a metempsicose, a solidão, o sonho, a saudade, a nostalgia do Além. Na "Missão da Arte", iniciando *Esotéricas*, pondera que à Arte cabe essa "missão Reveladora e Conciliadora", pois ela, "Mística, descerra-nos os santuários do ALÉM".

FLOR DE CACTO

Vens do Azul, da Quimera, alma de olhos sidéreos,
Que a minha alma de asceta aos páramos eleva
E à minha viuvez de mágoas e mistérios
Abre as aras do Além para o ofício da treva.

Eu te bendigo, e sigo o teu corpo de Sombra,
Peito de névoa e luz; névoa das louras tranças,
Luz do olhar, desse olhar, deliciosa alfombra,
Calvário e setial de minhas esperanças.

Ilusões são punhais. Cada ilusão que aflora
A penumbra de um sonho, alma de olhos sidéreos,
Leva o espetro da cruz às flâmulas da Aurora
Cruz do Além, cruz feral, de mágoas e mistérios.

A carícia cruel de teu seio fremente
Abre as aras do Além para o ofício da Treva,
E eu te sigo. E a minha alma, ajoelhada, sente
Que a tua alma de morta ao passado nos leva...

Obras, Edição do centenário (1969)

CRUZ E SOUSA

A Leôncio Correia

Passa no Azul, cantando, uma trirreme de ouro...
Velas pandas... No Azul... Que levita inspirado
Reza o ebúrneo *Missal*, de um requinte ignorado,
Entre astros monacais e iatagãs de mouro?!...

Rutilam brocatéis de púrpura e de prata...
Fulgem *Broquéis*, à popa... A trirreme estremece...
Ísis! – quem te acompanha a estranha serenata
E para o Além da Morte entre os teus braços desce?!...

A Morte é a eternidade; é um poente de Outono...
Mago! – tu vais dormir o glorioso sono
Entre *Broquéis* de onix, e iatagãs de mouro...

Vais dormir!... Vais sonhar!.. (Nobre e celeste oblata!)
Segue no Azul, cantando, uma trirreme de ouro...
Rutila brocatéis de púrpura e de prata.

Ibidem

SOLAU

A Nestor de Castro

Eu sou o pajem de Dona Morte,
Loura de olhos monacais;
Eu rezo salmos a Dona Morte,
Sou o coral das Catedrais;
Nos meus idílios flavesce a morte,
A morte, – o vinho das bacanais.

Volvei os olhos de esperança
A um cavaleiro Rosa-Cruz;
Os vossos olhos de esperança
São liras de ouro, alvas de luz;
São pulvinários de esperança,
Valquíria astral da Rosa-Cruz.

Nos cinerários de meus sonhos
Arderam Silfos e Quimeras;
Em que sepulcro andam meus sonhos,
Ó Peregrina de outras eras?!...
Noiva, – sepulcro de meus sonhos,
Crisoberil das primaveras!

Eu sou o pajem da Dona Morte,
Entre castelos e solares;
Seguindo os passos de Dona Morte,
Subi a torres de sete andares,
Os belvederes de Dona Morte
Andam suspensos de meus olhares.

Andam suspensos de minha boca
Os nove arcanos da Alquimia;
Nos setiais de minha boca
Rezaram monjas noite e dia;
Jamais oscules a minha boca,
Estrela d'alva da Nostalgia!...

Deixa que mortos enterrem mortos,
Loura, de olhos monacais;
A Morte embala meus sonhos mortos
Nas absides das Catedrais.
A Morte é a noiva dos sonhos mortos,
A Morte é círio das bacanais.

Deixa que mortos enterrem mortos,
Loura, de olhos monacais!

Ibidem

ALÉM

Alfim! Vais repousar, corpo meu tão franzino,
Escudo, roto já, pelos gládios da Sorte;
A decomposição completa o teu destino,
As atrações do Além levam-me além da morte.

Para o Azul, para o Azul!... Vou perlustrar espaços,
Alma, – de sol em sol, – filtro que o corpo encerra...
Melhor fora, talvez, a noite de teus braços,

Meu amor; bem melhor! nos presídios da Terra.
Exílios! De tua alma a minha alma se ausenta.
Soluças! Nosso adeus é agonia lenta,
A Quimera a morrer nos braços de um titã...

Ficas em teu solar, sigo para o Mistério...
Quando seremos – LÁ! – no infinito sidéreo,
Almas nupciais na radiosa manhã?

Ibidem

Alphonsus Guimaraens

João Henriques da Costa Guimarães nasceu em Ouro Preto, em 24 de julho de 1870. Moço, foi noivo da prima Constança, filha de Bernardo Guimarães, mas a tuberculose a arrebatou na adolescência, em 1888, e o fato gravou-se na memória e no coração pelo resto da vida, refletindo-se nos poemas. Em 1894 bacharela-se em Direito e segue carreira da magistratura. Casa e tem quatorze filhos. Em 1906 fixa-se em Mariana, e compõe, na timidez e solidão, poemas místicos e de amor. Faleceu na madrugada de 15 de julho de 1921.

Alphonsus de Guimaraens tornou-se o poeta do amor inextinguível, do sonho místico, da suave melancolia nostálgica, da fé religiosa e mariana, do ocaso e da morte. Seu poema aprofundou verticalmente uma experiência concreta e única, conferindolhe dimensões transcendentes, projetando-o para além dos limites pessoais para atingir a essência humana, porque na *Câmara ardente* do seu coração a imagem de Constança nunca se ofuscou.

SANTO GRAAL

Se a tentação chegar, há de achar-me rezando
Na erma Tebaida do meu sonho solitário.
(Miséria humana, humano vício miserando,
Não haveis de poluir as hóstias no Sacrário...)

Se a tempestade vier, há de achar-me chorando,
E como dobrareis, sinos do Campanário!
Subirei à montanha eleita orando, orando...
(Não és tão longa assim, ladeira do Calvário!)

Se a tentação chegar, há de achar-me de joelhos,
(Miséria humana, humanidade miseranda...)
Maldizendo a traição dos seus lábios vermelhos.

Se a tempestade vier, e eu cair, nesse dia
Piedosamente irei pela terra em demanda
De ti, ó Santo Graal, Vaso da Eucaristia!

Kiriale (1902)

CANÇÃO DAS NÚPCIAS

Que céu tão cheio de véus de noivas,
Que céu tão cheio de véus de viúvas...
Oh luar sublime, com quem te noivas?
Oh noite triste, de quem te enviúvas?

Senhora minha, deusa das noivas,
De cauda branca, de brancas luvas,
Por que de flores roxas engoivas
As tranças negras da cor das uvas?

Olhos tão cheios de véus de noivas,
Olhos tão cheios de véus de viúvas...
Senhora minha, com quem te noivas?
Antes eu diga — de quem te enviúvas?

Não chores nunca, deusa das noivas!
Um céu turvado, cheio de chuvas...
Por que de prantos roxos engoivas
Os olhos negros da cor das uvas?

Dona mística (1899)

OLHOS SUBLIMES...

Per istam Sanctam Unctionem, et suam piissimam misericordiam,
indulgeat tibi Dominus quidquid peccasti per visum, per auditum,
per odoratum, per gustum, per tactum, per incessum...

Olhos sublimes, onde os Anjos cantam salmos
Longe do resplendor das paixões transitórias:
E vós, conchas do Amor de Deus, ouvidos almos,
Que nada ouvistes a não ser hinos e glórias:

Lábios em oração, dolentemente calmos,
Que repetistes sempre as Sagradas Memórias:
Vós, brancas mãos, que já tínheis medido os palmos
Da cova incerta, vós, brancas mãos incorpóreas:

Pés doloridos, pés de arminho, acostumados
A caminhar por sobre o chão dos cemitérios
E de pisar no mundo impuro fatigados:

Lábios pungentes, mãos e pés, olhos e ouvidos,
Quietos e frios para sempre entre mistérios,
Por toda a Eternidade eternamente ungidos!

Câmara-ardente (1899)

MÃOS QUE OS LÍRIOS INVEJAM...

Mãos que os lírios invejam, mãos eleitas
Para aliviar de Cristo os sofrimentos,
Cujas veias azuis parecem feitas
Da mesma essência astral dos olhos bentos:

Mãos de sonho e de crença, mãos afeitas
A guiar do moribundo os passos lentos,
E em séculos de fé, rosas desfeitas
Em hinos sobre as torres dos conventos:

Mãos a bordar o santo Escapulário,
Que revelastes para quem padece
O inefável consolo do Rosário:

Mãos ungidas no sangue da Coroa,
Deixai tombar sobre a minha Alma em prece
A bênção que redime e que perdoa!

Setenário das dores de Nossa Senhora (1899)

ISMÁLIA

Quando Ismália enlouqueceu,
Pôs-se na torre a sonhar.
Viu uma lua no céu,
Viu outra lua no mar.

No sonho em que se perdeu,
Banhou-se toda em luar...
Queria subir ao céu,
Queria descer ao mar.

E, no desvario seu,
Na torre pôs-se a cantar.
Estava perto do céu,
Estava longe do mar...

E como um anjo pendeu
As asas para voar.
Queria a lua do céu,
Queria a lua do mar...

As asas que Deus lhe deu
Ruflaram de par em par...
Sua alma subiu ao céu,
Seu corpo desceu ao mar...

Pastoral aos crentes do amor e da morte (1923)

Hão de chorar por ela os cinamomos,
Murchando as flores ao tombar do dia.
Dos laranjais hão de cair os pomos,
Lembrando-se daquela que os colhia.

As estrelas dirão: – "Ai! nada somos,
Pois ela se morreu, silente e fria..."
E pondo os olhos nela como pomos,
Hão de chorar a irmã que lhes sorria.

A lua, que lhe foi mãe carinhosa,
Que a viu nascer e amar, há de envolvê-la
Entre lírios e pétalas de rosa.

Os meus sonhos de amor serão defuntos...
E os arcanjos dirão no azul ao vê-la,
Pensando em mim: – "Por que não vieram juntos?"

Ibidem

IMMACULATA

Quando te fores, branca, de mãos postas,
E me deixares neste val de pranto,
Deitada assim, como as demais, de costas
Sobre o teu leve esquife de pau-santo:

Quando as rosas dos seios, decompostas,
Vierem causar à própria morte espanto,
E nessas tábuas vis, onde te encostas,
Te for o lodo o derradeiro manto:

Ainda hei de ver as lúcidas violetas
Que floriram no teu olhar incerto,
Por sob as tuas sobrancelhas pretas.

Ai! como Inês tu não serás rainha:
Mas amada hás de ser no céu decerto
Porque na terra nunca foste minha.

Ibidem

A CATEDRAL

Entre brumas, ao longe, surge a aurora.
O hialino orvalho aos poucos se evapora,
        Agoniza o arrebol.
A catedral ebúrnea do meu sonho
Aparece, na paz do céu risonho,
        Toda branca de sol.

E o sino canta em lúgubres responsos:
        "Pobre Alphonsus! Pobre Alphonsus!"

O astro glorioso segue a eterna estrada.
Uma áurea seta lhe cintila em cada
        Refulgente raio de luz.

A catedral ebúrnea do meu sonho,
Onde os meus olhos tão cansados ponho,
Recebe a bênção de Jesus.

E o sino clama em lúgubres responsos:
"Pobre Alphonsus! Pobre Alphonsus

Por entre lírios e lilases desce
A tarde esquiva: amargurada prece
Põe-se a lua a rezar.
A catedral ebúrnea do meu sonho
Aparece, na paz do céu tristonho,
Toda branca de luar.

E o sino chora em lúgubres responsos:
"Pobre Alphonsus! Pobre Alphonsus!"

O céu é todo trevas: o vento uiva.
Do relâmpago a cabeleira ruiva
Vem açoitar o rosto meu.
E a catedral ebúrnea do meu sonho
Afunda-se no caos do céu medonho
Como um astro que já morreu.

E o sino geme em lúgubres responsos:
"Pobre Alphonsus! Pobre Alphonsus!"

Ibidem

DEUS É LUZ CELESTIAL...

Deus é a luz celestial que os astros unge e veste,
E dessa eterna luz nós todos fomos feitos.
Um fulgor de orações brilha nos nossos peitos:
É o reflexo estelar dessa origem celeste.

O homem mais louco e vil, cuja alma ímpia se creste
Aos fogos infernais dos mais torpes defeitos,
De vez em quando sente esplendores eleitos,
Que tombam nele como o luar sobre um cipreste.

Quem não sentiu no peito a carícia divina,
A enchê-lo de clarões na transparência hialina
De um astro que cintila em pleno azul sem véus?

Tudo é luz na nossa alma, e o mais vil, o mais louco,
Bem sabe que esta vida é um sol que dura pouco
E que Deus vive em nós como dentro dos céus...

Escada de Jacó (1938)

NINGUÉM ANDA COM DEUS...

Ninguém anda com Deus mais do que eu ando,
Ninguém segue os seus passos como sigo.
Não bendigo a ninguém, e nem maldigo:
Tudo é morto num peito miserando.

Vejo o sol, vejo a lua e todo o bando
Das estrelas no olímpico jazigo.
A misteriosa mão de Deus o trigo
Que ela plantou aos poucos vai ceifando.

E vão-se as horas em completa calma.
Um dia (já vem longe ou já vem perto?)
Tudo que sofro e que sofri se acalma.

Ah se chegasse em breve o dia incerto!
Far-se-á luz dentro em mim, pois a minh'alma
Será trigo de Deus no céu aberto...

Pulvis (1938)

Pethion de Vilar

Nascido Egas Moniz Barreto de Aragão, em Salvador da Bahia, a 4 de setembro de 1870, médico-clínico e lente catedrático de medicina, homenageado em Paris, adotou o pseudônimo Pethion de Vilar para sua carreira profissional do exercício poético, observando Andrade Muricy (1973, p. 462) que "tinha pudor da sua poesia, e apegava-se à sua nomeada de médico e professor". Apreciava mais parafrasear Heredia, Hugo, Baudelaire, Samain, Verlaine, Gautier do que criar pessoalmente. Tendo assimilado apreciável cultura, tornou-se virtuosista na arte de versejar em diversos idiomas. Traduziu também poemas brasileiros para o francês e o alemão. Não apresenta plano definido nem técnica poética rigorosa no seu fazer poético. Despreocupou-se inteiramente, a exemplo do médico-poeta Luís Delfino, em organizar seus poemas em livros e publicá-los. Em sua poesia, de grande virtuosidade, predomina o tom mais impessoal, no caráter pictórico e exterior, avultando suas coloridas marinhas. Faleceu em Salvador, a 18 de novembro de 1924.

POEMA DAS VOGAIS

(Alexandrinos modernos)

Ao impecável estilista Remy de Gourmont

..voyelles,
Je dirai quelque jour vos naissances latentes.
A. Rimbaud

A – branco.
O – preto.
U – roxo.
I – vermelho.
e
E – verde.
Sim, toda vogal tem um aroma e uma cor, Que sabemos sentir, que poderemos ver de Cima do Verso, de dentro do nosso Amor.

A

A – deslumbrante alvor; lagoas de neblina,
Mortas entre bambuais em noites de luar;
Panejos de albornoz; celagens de morfina;
Hóstias subindo, lento, entre os círios do altar.

Neve solta a cair; runimóis do Himalaia;
Palidez de noivado; asas pandas de cisne;
Estátuas; colos nus; penumbras de cambraia;
Pétala de magnólia antes que um beijo a tisne.

O

O – negrumes do mar; torvas noites de chuva;
Escuridão dos teus cabelos perfumados;
Gargantas de canhões; compridos véus de viúva,
Longos dias cruéis dos que não são amados.

Veludo que reveste a petrina das moscas,
Dessas que vão pousando em tudo, sem respeito,
E um dia hão de zumbir, gulosas, sobre as roscas
Alvas e frias do teu corpo tão bem feito!

U

U – lúgubres clarões agônicos de enxofre;
Cor do Mistério; cor das paixões sem consolo;
Soluço há muito preso, estourando de chofre;
Último beijo, olhar vesgo e triste de goulo.

Olheiras de Saudade; olheiras de Ciúme;
Chagas místicas de S. Francisco de Assis;
Clangores d'órgão que poeta algum resume;
Desilusões de amor que nenhum verso diz.

I

I – púrpuras reais alcachofradas de ouro;
Rubores virginais; lacre de bofetadas;
Fanfarras de clarim; alamares do toro
Onde o carrasco abate as frontes rebeladas.

Sangue escarrado das bocas tuberculosas;
Sangue da aurora; orvalho ardente das batalhas;
Sangue das uvas; sangue aromado das rosas;
Farrapos de bandeira assanhando metralhas!

E

E – febre do uíste, cor das campinas em flor,
Transparências de absinto; alma da mata virgem;
Cor da Esperança; paz das vigílias do amor;
Mortalhas, que do mar as glaucas ondas cirgem.

Hieróglifos que Deus ou o Diabo escreve
Nas frontes geniais dos Bardos e dos Sábios;
Espáduas sobre as quais a Morte, muito em breve,
Voluptuosamente há de colar os lábios.

....

A – branco.
O – preto.
U – roxo.
I – vermelho
e
E – verde.

Sim, toda vogal tem um aroma e uma cor,
Que sabemos sentir, que poderemos ver de
Cima do Verso, de dentro do nosso Amor.

Poesias escolhidas (1928)

HARMONIA SUPREMA

Eu te amo! Eu te amo! Eu te amo! Irrompa finalmente
Do meu lábio covarde, alto, numa explosão
Fatal, de uma só vez este segredo ardente,
Assim como um rugido, assim como um clarão!

Eu te amo! Eu te amo! Eu te amo! Ó Verbo onipotente
Que se fez Carne! Ó doce e horrível confissão!
Asa que vem do Azul varrendo a Noite em frente,
Aleluia eternal, suprema Redenção!

Eu te amo! Eu te amo! Eu te amo! Oh que aurora irradia
Desta frase ideal que anda a cantar, à yoa...
Silêncio! Versos meus... parai vossa Harmonia!

Basta! A voz deste Amor que me enleva e me aterra!
Do meu Corpo à minha Alma, indômita, revoa
Como um raio de sol que prende o Céu à Terra!

Ibidem

Severiano de Resende

José Severiano de Resende nasceu em Mariana, Minas Gerais, em 23 de janeiro de 1871. Iniciado o curso de Direito, em São Paulo, impetuoso e altivo, abandonou-o. Em violenta vaga de misticismo, julgou-se chamado ao sacerdócio, voltou a Mariana e foi ordenado em 1897. Passou a redigir o jornal *D. Viçoso*. Suas desmedidas polêmicas acarretaram animosidades. Retirou-se da cidade. Embora profundamente apaixonado pelos interesses da Igreja, desiludiu-se e abandonou o sacerdócio, tornando-se jornalista, vivendo livre boemia. Transferiu-se para Paris, onde redigiu importante seção do *Mercure de France* – "Lettres brésiliennes". Em 1916, teve memorável encontro com Alphonsus de Guimaraens. Casou com uma francesa, envelheceu na pobreza, sem deixar de crer e de orar. Faleceu em 13 de novembro de 1931. Conservou sempre espírito voluntarioso de audaz panfletário.

Sua poesia está consolidada no livro *Mistérios*. Manifesta preferência pelo soneto. Bifurcam-se os poemas, ora centrados no tema do amor/mulher, ora desdobrados em preces de sentimento religioso/teológico. Inclui seqüência de poemas sobre animais. Segundo Andrade Muricy (1973, p. 477), "Resende deixou alguns dos mais estranhos e transcendentes poemas católicos da Língua Portuguesa".

SATANIA

Dea de ignoto Olimpo, onde, em que terra adusta
Nasceste, expondo ao mundo a arrogância triunfal
Do teu corpo, que o olhar humano assombra e assusta
E abate? Em que hemisfério é o teu torrão natal?

Sonho que o teu país, dama branca e venusta,
É um pedaço de firmamento tropical,
Em que um gesto, dos teus, cheio de insânia, custa
Toda a existência de um misérrimo mortal.

Que fervida e impetuosa onda de sangue pula
Dentro de ti, que tens tal secura e tal gula
De amar com toda a gana e com toda a paixão?

Como o teu desvario a vida me atropela!
Rugem no teu carinho ululos de procela,
Perpassa no teu beijo o sopro de um tufão!

Mistérios (1920)

O HIPOGRIFO

A José de Freitas Vale

Resfolega o hipogrifo, indômito, batendo
No asfalto as patas d'oiro, e os olhos de água adusta
Sobre as nuvens e além dos sóis ovantes erguendo,
Já no azul a cabeça em fogo barafusta.

O éter transpõe, aflando as asas, belo e horrendo,
E haurindo a Vida e a Graça e a Idéia eterna e augusta,
Oh! como eu nesse arroubo insofrido compreendo
Que ao estranho hipogrifo o gesto astral não custa.

No solo os áureos pés, no empíreo em glória a fronte,
Terras, mares e céus, de horizonte a horizonte,
Mede, calcando o pó, e os páramos transcende.

Brotam fráguas de luz e na poeira dos seus rastros
E na landas glaciais e tristes, ermas de astros,
Novas constelações o seu hálito acende.

Ibidem

MISERERE

A João Glaberto do Amaral – *Sacerdos in aeternum*

Por eu ser o mais réu dos demais pecadores
(E por ter a consciência escura e corrompida)
Longamente sonhei horrores sobre horrores,
Tenebrosas alucinações desta vida.

...(Eu vi sair do templo a procissão da Mágoa
Entre o horrendo *sabat* das turbas dissolutas
E pálido fiquei, com os olhos rasos d'água,
Ouvindo aos pés do altar sorrir as prostitutas...

...Vi o estertor feral do sacrilégio imundo
Insultar o Senhor na pompa do pecado
E tive compaixão dos homens e do mundo,
Quando o crime poluiu o Corpo Consagrado.

...Vi Satanás vestir os buréis dos ascetas
E, enchendo os corações de anátemas e sustos,
Arremedar a voz augusta dos Profetas
E ir às portas da morte interpelar os Justos...)

Orei ao Senhor Deus diante de tais horrores,
O meu rosto escondi na poeira das estradas
E deixei o clamor dos grandes pecadores
Ecoar no coração das almas condenadas.

Ibidem

VOZES INTERIORES

Creio que dentro de ti soluça e chora alguém.
Pois dentro em mim também
Soluça e chora, quem?
Certo dentro de mim alguém chora e soluça,
Alguém sobre a minha alma a carpir se debruça.

Ah! plange dentro em mim a eterna voz do Além.
A trágica atração das tribos e das raças
No meu ser misturar-se e congregar-se vem.

Inquieto furacão que sem cessar esvoaças,
És o fluxo do Mal e o reuxo do Bem!

És o infindo desejo do Infinito,
És o infrene fremir pelas Eternidades,
O estarrecer da Vida insatisfeita, o grito
Do Ser e do Não-Ser através das idades.

Sinto o imenso clamor dessa maré montante
E esse crebro ulular enorme quem não sente?
No nosso espírito ele sobe instante a instante,
Como um facho de luz na esfera incandescente.

É o sofrimento humano a ansiar pela esperança,
Pobre cego a tatear nos dédalos obscuros,
É o apelo que não cessa, é o anelo que não cansa
Do passado a bramir pelos amplos futuros.

É o brado de quem vive e nada achou na vida,
É o pranto colossal e intérmino dos mortos
Que nos insta, que nos induz, que nos convida
A velas desfraldar para os sidéreos portos.

E este velho homem carcomido de luxúria,
Este sempre rebelde velho homem relapso,
Para que surge e clama e blasfema com fúria,
Fraco, a estorcer-se nesse espiritual colapso?

Ah! como não ouvir atento tantas vozes,
Que nos dizem no seu fantástico marulho
Quantas transformações, quantas metamorfoses
São necessárias para aniquilar o Orgulho.

E o Pecado sobre a minha alma se debruça
E vendo-me a tremer, quedo, pálido, exausto,
Geme dentro de mim, dentro de mim soluça:
– Dentro de ti soluça e geme o Doutor Fausto.

Ibidem

Silveira Neto

Manuel Azevedo da Silveira Neto nasceu em Morretes, Paraná, em 4 de janeiro de 1872 e, após 1879, morou em Curitiba. Iniciou e interrompeu o curso de humanidades, para estudar gravura e desenho. Cursou a Escola de Belas-Artes de Curitiba, sem realizar o sonho de chegar à Academia de Belas-Artes, do Rio. Ingressou, por concurso, na Fazenda Federal, em 1891, iniciando carreira de dignidade e zelo. Casou-se em 1893 e viveu passagens dolorosas com a morte de cinco filhos. Integrou o grupo *Cenáculo*. Em 1901 publicou *Luar de hinverno*. Falecido E. Perneta, foi proclamado "príncipe dos poetas paranaenses". Faleceu no Rio de Janeiro em 19 de dezembro de 1945.

Para Tasso da Silveira (1967, p. 27/33), o poeta foi "uma espécie de exegeta das ruínas, da morte, do silêncio, como foi em toda a sua vida o homem dominado pela dor de viver." E sintetiza: "A feição primaveral deu-nos Emiliano Perneta, com a sua poesia coruscante de sol e ébria do sentimento pagão da vida. O desértico recolhimento do inverno foi que sobretudo se condensou no canto de Silveira Neto, embora também nele a primavera por vezes irrompa triunfante".

ANTÍFONA

Noite de inverno e o céu ardente de astros,
Com a alma transfigurada na Tortura,
Olhava estrelas, eu, crendo-as, em nastros,
Almas cristalizadas pela Altura.

Frio da noite é o pólo em que o uivo escuto
Do urso branco do Tédio, em brumas densas;
É o ar glaciário que nos vem do luto
Da avalanche de todas as descrenças.

A noite é como um coração enfermo;
Rito de almas de maldições cobertas.
Alma que perde a fé muda-se em ermo,
Ermo de tumbas pela vida abertas.

Esse "réquiem" da Cor pelo ar disperso
Como que encerra, num delírio infindo,
Todo o soluço extremo do Universo,
Num concerto de lágrimas subindo.

É o cenário do Fim que atroz se eleva
Desde que ao Nada o coração se acoite;
Pois, como o dia cede o espaço à treva,
Fecha-se a Vida nos portais da noite.

Se vem a noite num luar acesa,
Lembra uma cruz coberta de boninas;
A luz da lua é triste, – que a tristeza
É o sagrado perfume das ruínas.

É uma prece o luar, prece perdida
Por noite afora, em lívida cadência,
Como cada sorriso em nossa vida
Planta a cruz da saudade na existência.

Era de estrelas um enorme alvearco
A cúpula celeste escura e goiva;
E a Via-Láctea se estendia em arco,
Branca e rendada como um véu de noiva.

Depois gelada abrira-se, e na extrema
Nevrose eu vi formarem-se, de tantos
Astros, as duas páginas de um poema
Em que eram cor de lágrimas os cantos.

Cantavam as estrelas. Coros almos
O espaço enchiam de um rumor contrito
E histérico, a fundir astros em salmos,
Parecia rezar todo o Infinito.

No êxtase que os páramos outorgam
Aos visionários, eu surpreso via
Que, céus afora, como a voz de um órgão,
A salmodia d'astros prosseguia.

Erma de risos e de majestades.
Porque as estrelas são os magnos portos
Onde ancorou com todas as saudades
A dor de tantos séculos já mortos.

Desde Valmiki e Homero – esses profetas –
As intangíveis amplidões cerúleas
Ouvem, sangrando, a queixa dos Poetas,
Como um cibório de canções e dúlias.

Ermas de tudo que não fosse a mágoa,
As estrelas formavam o Saltério
Num brilho aflito de olhos rasos de água...
E pelo espanto entrei nesse mistério:

Eis que um Visionário do Supremo
Ideal, ansioso de Azul e de infinito,
(Da ânsia de Azul que teve o Anjo Maldito
Após o castigo extremo)

E fatigado do torvo mundo espalto,
Onde a alma se nos vai muito de rastros,
Pôs-se a evocar a Paz Eterna do Alto;
Falou-lhe então a música dos astros:

Luar de inverno e outros poemas (1901)

LITANIAS

O mesmo céu que nós olhamos, olho:
Mundos gelados de saudade; admire-os
A alma que tenha, abrolho por abrolho,
Toda a loucura e todos os martírios.

Jorro de pranto com que os versas molho,
A Via-Láctea é um desfilar de círios.
Quanta tristeza para os céus desfolho
Na doida orquestração dos meus delírios!...

E vou seguindo a ver, pela amargura,
Que as estrelas são lágrimas da Altura,
Ardendo como os círios dum altar.

Nada mais resta: e a vida, fatigada,
De no meu corpo ser tão desgraçada,
Foge-me toda para o teu olhar.

Ibidem

A LUA NOVA

A Nestor Victor

No silêncio da cor, – treva silente –
Abriu-se a noite mádida e sombria,
Logo que o Sol, rezando: Ave, Maria...
Fechou no Ocaso as portas de oiro ardente.

A terra, a mata, o rio, a penedia.
Tudo se fora pela treva e, rente
Ao céu, ficou a lua nova algente,
Como um sonho esquecido pelo dia.

Ela assim foi: morreu; desde esse instante
Pálido e frio, como a lua nova,
Ficou-me entre as saudades seu semblante.

Mas, ouve: quanto mais doida cresce
A noite que me vem da sua cova,
Mais branca e inda mais fria ela aparece.

Ibidem

CANÇÃO DAS LARANJEIRAS

Laranjas maduras, seios pendentes
pela ramada, apojados de luz,

Que é das orinhas nevadas e débeis,
caçoulas de incenso que o aroma produz?

Se elas recendem o ar todo se infla
num esto de gozo, nas frondes do vai,

Como se andasse o *Cântico dos cânticos*
abrindo-se em beijos no laranjal.

São elas o sonho da árvore em festa
pensando no fruto, que é todo sabor;

Assim a grinalda que enfloram, das noivas,
é a aurora do dia mais claro do amor.

Infância, candura da estréia longínqua,
luz tênue que flui das auras do céu.

Depois do primeiro amor, o remígio
do sonho mais puro a que a alma ascendeu.

De sonho bebido em taças que lembram
aquela de lavas, que um dia o vulcão

moldara em Pompéia, num seio de virgem,
talvez em memória de algum coração.

Ibidem

Carlos Fernandes

Nascido em Mamanguape, Paraíba, em 20 de setembro de 1875, Carlos Dias Fernandes formou-se em Direito no Recife, andarilhou por São Paulo, Pará e Rio de Janeiro, onde participou do movimento das revistas *Rosa-Cruz* e da *Meridional* e atuou como jornalista, de caráter muito polêmico e caprichoso. Observa Fernando Góes (1959, p. 123): "Mas ao lado de toda essa tempestade coexistia o coração generoso de um homem bom que foi sempre amigo dos moços, acolhendo-os com simpatia e incentivando-os".

Foi um dos mais íntimos amigos de Cruz e Sousa e, no seu romance autobiográfico *Fretana*, firmou comovente registro do funeral do autor de *Broquéis*, além de traços da sua personalidade, evocando ainda figuras e episódios do movimento simbolista.

OFERTÓRIO

Les idéals se succèdent, on les dépasse, ils tombent en ruine, et puisque'il n'y a pas d'autre vie, s'est sur ces ruines encore qu'il faut fonder um idéal dernier.
Th. Dostoievski

Foi por vós, catecúmenos sombrios
Da excelsa religião do sentimento,
Quc de tudo num vago esquecimento
Vaguei da Morte pelos reinos frios;

Buscando a essência em flor do sentimento
Oculta nesses báratros sombrios,
Onde a voz tumular de ventos frios
Geme o salmo do eterno esquecimento.

Foi por vós que eu vivi nas outras vidas
As sensações secretas, doloridas,
Que sufocam os gritos na garganta.

E é por vós que a minh'alma aniquilada,
Nos sudários do Sonho amortalhada,
Das próprias ruínas ressurgindo, canta.

Vanitas vanitatum (1906)

CRUZ E SOUSA

Era um anjo Lusbel em ônix modelado,
Tendo no coração toda a amarga tristeza,
Toda a desolação desse anjo rebelado
Chorando o exílio atroz da divina realeza.

Tinha como Lusbel o orgulho grave e mudo
Ante a vil compaixão das vilãs criaturas;
Passava pela terra esquecido de tudo
Transformando em Falerno o fel das amarguras.

Mesmo soberbo assim, era o seu frágil peito
Tabernáculo aberto às almas perseguidas
Pela sanha voraz do ódio e do despeito,
– Garras que a inveja tem nas patas escondidas.

Chispava o seu olhar chamas lívidas, frias,
Vomitava o seu verbo uma viscosa bava
De desespero contra as sujas ironias
De qualquer histrião que o seu estro afrontava.

Essa afronta não era uma injúria assacada
Contra o augusto valor do seu gênio irrequieto;
Mas a podre expansão suja e desenfreada
De um cretino qualquer, que lhe enojasse o afeto.

Mas, se acaso encontrava um'alma como a sua,
Só vibrando a emoção dos castos sentimentos,
Bem liberta do pó, de veleidade nua
E livre para voar como a fúria dos ventos,

Todo o seu ser, então, miraculosamente,
Em brancos roseirais de afeto florescia;
E ele todo era como uma harpa eólia plangente
Soluçando ao rumor de leve ventania.

E quantos novos céus, quantos céus inviolados
Ele descortinava em rápidos adejos,
Nos idílios mentais, nesses brancos noivados,
Em que é tálamo o sonho e as idéias são beijos!...

Uma tal compleição tão delicada e meiga
Era como uma flor de sombria floresta,
Que não pode medrar na planura da veiga
Porque até mesmo o ar caricioso a cresta.

Embora transplantada, essa flor tenebrosa,
Que agora no mistério as pétalas descerra,
Algum tempo medrou entre a messe espinhosa
Das vinganças cruéis dos bárbaros da terra.

Dentro em sua corola inda mal entreaberta,
Injetaram-lhe o pus das mais negras injúrias,
E em torno ao caule seu, de rubra gorja aberta,
Andavam lobos vis em truculentas fúrias.

Mas um dia, afinal, a morte protetora
A planta derribou sobre a alfombra das heras
E em seu manto a escondeu contra a gula traidora,
Contra o ímpeto mau de tão sanhudas feras...

Guarda-a contigo bem, guarda-a bem no teu manto,
Ó deusa tumular, cujo beijo friorento
Aos vencidos mortais abre as portas do encanto,
Libertando-os de vez do humano sofrimento!

Guarda contigo bem essa flor inefável
Só tecida de angústias e angélicos receios;
Guarda-a porque talvez o seu fogo amorável
Faça brotar a vida em teus gélidos seios.

Abre o teu colo imaculado, amplo, infinito,
Consagra o teu amor insondável, profundo,
A quem tanto sofreu sem ter no lábio um grito
Que atordasse de leve o turbilhão do mundo.

Só no silêncio do teu gélido regaço,
De onde o eterno torpor das ilusões emana,
Pode um poeta esquecer o ofegante cansaço
De macular os pés nessa poeira mundana.

Deixa que à tua sombra ele morto floresça,
Nessa infinita paz muda da eternidade,
Abrindo o manto teu sobre a sua cabeça,
Como um pálio de amor, de graça e de piedade.

Ibidem

Auta de Sousa

Nasceu Auta de Sousa em Macaíba, Rio Grande do Norte, em 12 de setembro de 1876. Órfã de pai e mãe já com pouca idade, cresceu em internato. Tuberculosa desde os quatorze anos, terminou seus estudos antes de retirar-se para o sertão, buscando melhores ares. Entretanto, passou a vida presa ao leito e compondo seus poemas, reunidos, em 1900, no volume Horto, que logrou boa aceitação, devido ao prefácio de Olavo Bilac. Em 7 de fevereiro de 1901, sobrevém a morte, em Natal. O livro teve segunda edição, ampliada, em 1910 e uma terceira em 1936, com prefácio de Alceu Amoroso Lima.

Segundo Capeaux (1964, p. 216 e 227), seu "espiritualismo poético a aproxima dos simbolistas", acrescentando mais adiante: "Do caráter simbolista da poesia de Auta de Sousa pode-se duvidar; está, no entanto ligada ao simbolismo, mais que a qualquer outro movimento literário, pelo espiritualismo religioso". Massaud Moisés (1966, p. 170) destaca a "altura e pureza de seu lirismo desencantado e místico, fruto duma legítima vocação poética, tão legítima que ela própria se considerava 'noiva do Verso'". Para Nestor Vítor, a poeta era "irmã gêmea" de Casimiro de Abreu.

PÁGINA AZUL

A Zulmira Rosa

No país de minh'alma há um rio sem mágoas,
Um rio cheio de ouro e de tanta harmonia,
Que se cuida escutar no marulhar das águas
Do sussurro de um beijo a doce melodia.

Este rio é o meu sonho, um sonho azul e puro,
Como um canto do Céu, como um braço do Mar;
Loura réstia de sol a rebrilhar no escuro,
Casta luz que cintila em torno de um altar.

De um altar que palpita e que sofre e que sonha,
Soletrando a cantar a linguagem do Amor...
Do altar do Coração, a paisagem risonha
Onde brotam sorrindo as ilusões em flor.

Vem beber, meu amor, neste rio que é fonte,
É fonte de esperanças e lago de quimera...
Vem morar n'um país que não tem horizonte,
Onde não chora o Inverno e só há Primavera.

Horto (1910)

O QUE SÃO ESTRELAS

A Jesuína Sampaio

Ai! Quantas vezes eu cismo,
À noite, olhando as estrelas.
Como quem sonda um abismo:
Meu Deus! O que serão elas?

E julgo que são pequenas
Almas gentis de crianças,
Voando as plagas serenas
Como um bando de esperanças.

Caçoulas brancas, sagradas,
Cheias de amor e de encantos,
Hóstias formosas, nevadas,
Eucaristia dos santos.

Sonhos de moça partidos,
Desilusões de poetas,
Raios de luz desprendidos
Das asas das borboletas.

Doces lírios transportados
Para uma encantada horta.
Sorrisos tristes, magoados,
De uns lábios de noiva morta.

Mimosos, lindos novelos,
Formados da luz serena,
Que aureolava os cabelos
Tão loiros de Madalena.

Cada estrela, penso, encerra
Uma alma branca de rosa,
Que os anjos levam da terra
Para a Santa mais formosa.

Deve ser o Azul brilhante.
O manto azul de Maria,
E cada estrela um diamante
Que neste manto irradia.

Ou, talvez, penas dispersas
De um'asa nívea de arcanjo...
Pupilas em luz imersas
Dos olhos castos de um anjo...

Parecem círios divinos
No Azul imenso e sem véu...
Ninhos de ouro pequeninos
Dos beija-flores do Céu...
....

E enquanto cismo, respondem
Os astros, brancos arminhos:
Nós somos berços que escondem
As almas dos passarinhos

Ibidem

REGINA MARTYRUM

Lírio do Céu, sagrada criatura,
Mãe das crianças e dos pecadores,
Alma divina como a luz e as flores
Das virgens castas a mais casta e pura;

Do Azul imenso, d'essa imensa altura
Para onde voam nossas grandes dores,
Desce os teus olhos cheios de fulgores
Sobre os meus olhos cheios de amargura!

Na dor sem termo pela negra estrada
Vou caminhando a sós, desatinada,
– Ai! pobre cega sem amparo ou guia! –

Sê tu a mão que me conduza ao porto...
Ó doce mãe da luz e do conforto,
Ilumina o terror desta agonia!

Ibidem

NOITE CRUEL

A meu irmão Henrique

Morrer... morrer... morrer... Fechar na terra os olhos
A tudo o que se ama, a tudo o que se adora;
E nunca mais ouvir a música sonora
Da ilusão a cantar da vida nos refolhos...

Sentir o coração ferir-se nos escolhos
De tormentoso mar, – pobre vaga que chora! –
E no arranco final da derradeira hora,
Soluçando morrer num oceano de abrolhos.

Nem ao menos beijar – ó supremo desgosto! –
A mão doce e fiel que nos enxuga o rosto
Mostrando-nos o Céu suspenso de uma Cruz...

E perguntar a Deus na agonia e nas trevas:
Onde fica, Senhor, a terra a que nos levas,
Com as mãos postas no seio e os dois olhos sem luz?!

Ibidem

Pereira da Silva

Antônio Joaquim Pereira da Silva nasceu em Araruna, Paraíba, em 7 de novembro de 1876. Estudou no Rio de Janeiro, na Escola Militar da Praia Vermelha. Formou-se em Direito e exerceu a função de Promotor Público no Paraná, ligando-se aos poetas Emiliano Perneta, Dario Veloso e Silveira Neto. Iniciou vida na imprensa e participou do grupo *Rosa-Cruz*. Foi eleito para a Academia Brasileira de Letras. A Muricy (1986, p. 412) escreveu em relação ao seu segundo livro – *Solitudes* – publicado em 1918: "Não está somente cheio de reminiscências da temática e vocabulário típicos; é na sua própria essência que a poesia está profundamente embebida do espírito do Simbolismo: a linguagem alusiva e secreta, o envolvimento em atmosfera de transcendência". Sua poesia ostenta tom elegíaco-melancólico, impregnada de misticismo e espiritualidade. Faleceu no Rio de Janeiro em 11 de janeiro de 1944. Segundo Otto M. Carpeaux (227): "Pereira da Silva foi o último sobrevivente do Simbolismo no Brasil. O poeta nordestino coloca-se entre os primitivos simbolistas e os decadentistas, ao lado das expressões do espiritualismo filosófico e poético".

VIRGENS!

Virgens d'almas tão brancas como os lírios,
D'almas tão brancas como os liriais;
Virgens: – Nossa Senhora dos Martírios,
Vós que sois como esses jardins assírios
Das memoráveis lendas orientais;

Virgens dos monacais recolhimentos,
Aureoladas de áureos tons de luz;
Virgens que andais, à noite, a passos lentos,
Pelos longos silêncios dos conventos
Como Santa Teresa de Jesus;

Pálidas Virgens íntimas, caladas,
Que esta existência atravessais de joelhos,
Como as freiras dos tempos das baladas,
Dentro nos vossos corações guardais
Como uma flor dentro dos Evangelhos;

Virgens de sonho; Virgens que entre as gentes
Passais como por longos ermos russos;
Virgens de olhares de olhos transparentes
Como os vidros azuis de duas lentes,
Través dos quais há espíritos de bruços;

Virgens de corações despercebidos
Dos instintos, dos homens e do mais;
Vós que trazeis os ímpetos contidos
Para ajudar as almas dos Vencidos
Que Deus esquece pelos Hospitais;

Virgens-Mães; Virgens de alma violetas,
Virgens que concebeis nos corações
Cheios de luz o espírito dos poetas;
Virgens mais ternas mesmo que as vinhetas
Dos vossos próprios livros de Orações;

Virgens das Dores; Virgens desoladas;
Virgens cuja presença nos assusta;
Virgens que amando e nunca sendo amadas
Andais feridas pelas Sete Espadas
Sem proferir uma blasfêmia justa;

Virgens Heloísas; Virgens como a essência
Das canduras e graças interiores;
Eucarísticas formas da Inocência,
Que atravessais o drama da existência
Como Ofélia entre lágrimas e ores;

Virgens! A vós este Missal de Dores...

Solitudes (1918)

CHOPIN... LISZT... BEETHOVEN...

Vem-me da noite, e como dela oriundo,
Um desempenho magistral ao piano.
Chopin... Liszt... Beethoven... que fecundo
Ventre de dor – o vosso gênio humano!

Bem vos compreendo. E ao músico e profundo
Rumor do vosso gênio diluviano,
Levais-me soluçando, além do mundo,
Entre os maroiços vivos de outro oceano.

Convosco, sim, tudo se me afigura
Imenso, imenso, até minh'alma que erra
Nas subjetivas sombras da loucura...

E a noite, a própria noite se desceria
Para escutar, silenciosa e obscura,
Os soluços sinfônicos da Terra.

Ibidem

CONTEMPLANDO O CÉU

Contemplo o céu noturno – o belo, fundo,
Constelado esplendor que me fascina
E me faz pressentir que tudo é oriundo
Do só poder da emanação divina.

Agora, neste instante, me domina
Uma única idéia: é que se o mundo
É vil e a nossa mente pequenina,
O sentimento humano é bem profundo!

Que importa a Dor? Que importa a imensidade
Implacável da Dor num tal momento,
Em que a graça dos deuses nos invade

Se, de espírito em êxtase, olhar fito
Nos céus – gozamos o deslumbramento
De ser outro infinito ante o infinito?

Beatitudes (1919)

EVOCAÇÃO A CRUZ E SOUSA

Alma estrelada, coração de artista,
Tão forte que ainda o julgo vivo agora;
Vibrátil e vibrante sinfonista,
De palavras de música sonora;

Estro cujo eloqüente ardor decora
Tanto o que exalta como o que contrista;
Boca revel, como a de um João Baptista,
Conclamando belezas e toda hora;

Intérprete das últimas ternuras
E ânsias do sangue e ardor das almas puras
Como o cheiro das seivas virginais;

Vimos dizer à terra em que repousa
Teu corpo, que teu gênio, Cruz e Sousa,
Vive florindo em nós cada vez mais!

Senhora da melancolia (1928)

Narciso Araújo

Nasceu em Vila de Itapemirim, Espírito Santo, em 6 de agosto de 1877, cursou o Pedro II e bacharelou-se pela Faculdade de Direito, no Rio de Janeiro, onde participou ativamente do movimento simbolista, retornando depois para sua cidade, onde sempre viveu, sendo chamado "o solitário de Itapemirim". Foi deputado ao Congresso Estadual do Espírito Santo, onde sua consciência ficou desiludida. Recusou retornar ao Rio de Janeiro, a convite de amigos, como Cruz e Sousa, Nestor Vítor, Raul Pederneiras e Félix Pacheco. Preferiu viver entre seus livros e publicando poemas em jornais. Em 1941 foi eleito "Príncipe dos Poetas Capixabas" e teve editada uma série das suas *Poesias*. Faleceu em 16 de abril de 1944. Seu tema fundamental é o amor, que tudo vivifica, expresso em vivo sentimento, recorrendo constante apelo/referência ao tu alocutário, sobretudo em seus sonetos.

A SAUDADE ESTÉRIL

A João Ribeiro

A saudade comum, essa consiste
em nos rememorar cada momento
um quer que seja, cujo afastamento,
pungindo-nos o peito, o torna triste.

Outra saudade, todavia, existe
que nos agita. Vem do firmamento
nos clarões do luar, e o pensamento,
por mais firme e tenaz, lhe não resiste.

É a saudade de ignotas primaveras,
é a saudade de quadros incriados,
é a saudade de coisas nunca tidas,

é a saudade infecunda das esferas,
onde os astros rolaram, conglobados,
desde as fundas idades escondidas.

Poesias, 1.ª parte, 1900-1915 (1942)

TARDES

Quando a tarde vem vindo e o crepúsculo desce
como uma ampla asa, e atrista os horizontes quedos,
eu creio ouvir, pelo ar, turturinos de prece,
uns murmúrios de amor, um frufruar de segredos.

Um sino badalando, aos poucos, esmorece;
a tristeza do bronze acorda n'alma medos,
e as almas sentem frio: – um frio que parece
vir do pólo da morte, através de degredos.

Há também tardes n'alma. Há mudez. Crepuscula.
O sino da saudade acorda e abre o passado
– livro que se fechou, sonho que não arrula.

E ansiamos reviver as esperanças mortas!
E ansiamos reentrar nesse templo doirado!
e – ai de nós! – um nevoeiro esconde-nos as portas...

Ibidem

SONHAR

Vale a pena sonhar. O sonho alenta
e enflora a vida, o sonho a fortalece.
Ao clamor das nortadas da tormenta
o lábio sonhador murmura a prece.

A vida, muitas vezes, é um deserto
tão árido e de tão combusta areia,
que somente o sonhar nos abre, perto,
cantando, uma água viva que colmeia.

Quando, em gritos, na terra, arde a contenda
de idéias vãs e aspirações pequenas,
feliz a alma que sonha e busca a lenda
dessas alturas límpidas, serenas!

Feliz quem pode levantar sua ânsia,
na asa clara e fugaz da poesia,
para esse eterno azul, que sabe a infância
de cada estrela que de lá radia...

Esta luta, no mundo, de hostes brutas,
incoerentes, bárbaras, selvagens,
não vale nada ante essas impolutas
constelações das célicas paisagens.

O sonho, sim... é que nos aproxima,
enquanto tudo vai no mundo, a rastros,
da seara que guarda lá em cima
toda a imortal vegetação dos astros.

O sonho, sim... nos leva a essas esferas,
pátrias gloriosas de galhardos mundos,
mundos eternos, onde as primaveras
têm seios mais sadios e fecundos.

O sonho, sim... percorre a trajetória
dos planetas, que rolam nos espaços,
muito acima da vida transitória,
que nós vivemos, de grilhões nos braços.

Vale a pena sonhar. Em redor, quando
tudo enegrece e se espedaça tudo,
é bom ao poeta olhar o céu, sonhando,
sonhando muito, extasiado e mudo,

e, no seu sonho, compreender mistérios,
acordar forças que inda estão dormindo,
beber as ondas dos azuis etéreos,
sentir-se imenso pelo espaço infindo.

Poesias, 2.ª parte, 1916-1930 (1942)

SABOR AZUL

Inda as estou ouvindo, as frases puras,
que ela, com as faces em rubor, me disse:
– eram-lhe os lábios, como partituras,
feitas de sonhos, cheias de meiguice.

Falava – e a voz trazia tais doçuras,
que era como se o Himeto se exprimisse
pelo seu mel. Falava – e as amarguras
como se uma alegria as perseguisse,

do peito iam fugindo, uma por uma.
tem um sabor azul essa voz doce,
que afaga a alma, a alma doira, a alma perfuma...

Tem um sabor azul como o superno
como de uma áurea estrela que lá fosse
vibrando, livre, pelo azul eterno.

Ibidem

Saturnino de Meireles

Saturnino de Meireles Filho nasceu no Rio de Janeiro, em 22 de fevereiro de 1878 e faleceu na mesma cidade com apenas 28 anos, em 13 de abril de 1906.

Idealista leal e entusiasta de rara dedicação, foi pertinaz combatente em favor do Simbolismo. Do modesto emprego na Companhia de Seguros Varejista, reservava boa parte do salário para socorrer o poeta Cruz e Sousa e, depois da morte desse, editou seu livro *Evocações*, contribuindo também para a publicação de *Faróis*, bem como adquiriu o terreno em que jazem os despojos do Poeta Negro, no Cemitério S. Francisco Xavier.

Fundou, dirigiu e custeou em grande parte as edições da principal revista simbolista carioca, *Rosa-Cruz* (1901-1904), dedicada sobretudo a cultuar a memória do "Dante Negro" Cruz e Sousa.

TEMPLO OCULTO

A Gonçalo Jácome

Desce enfim a ti mesmo sem receio,
Como quem desce à própria sepultura,
Com esse riso vago de quem veio
Por entre os roseirais da desventura.

Desde sem ver a glória do torneio
Dos que só de ouro trazem a armadura,
Na luz consoladora do teu seio
Encontrarás a luz de outra ventura.

É na paz dessa eterna florescência
Que sentimos de perto a consciência
Como de Deus o misterioso vulto.

É por esse caminho iluminado
Que entramos afinal nesse noivado
Transpondo a porta desse templo oculto.

Astros mortos (1903)

ESTRELAS

Amo-as assim serenamente frias
Nesse vago crepúsculo sonhado,
Lembrando as formosuras fugidias
Que um outro Dante já tivesse amado.

Amo-as assim tão brancas e erradias,
Como se fossem para o seu noivado,
Cantando então as fundas nostalgias
Que em lírios abrem nosso amor velado.

Estrelas tristes que o silêncio canta
Nas harpas frias desse céu deserto
Que todo em névoas nosso ser quebranta.

Estrelas tristes, pálidas estrelas,
Que eu quisera de mim sentir bem perto
E só na mão poder então contê-las.

Ibidem

TÉDIO

Tudo se acaba aos nossos olhos perto
numa brancura que de ver nos cansa,
como se então de névoas um deserto
se abrisse assim sem luz nem esperança.

E nessa névoa que nos deixa incerto
e num abismo sem sentir nos lança,
como se o olhar se visse então coberto,
sentimos se apagar nossa lembrança.

Sentimos um torpor indefinido,
um vago sentimento adormecido
como da morte as frias mãos felinas.

E nesse triste desalento infindo
de todo o céu sentimos ir fluindo
neblinas e neblinas e neblinas.

Ibidem

ETERNO GUIA

Da vida nas obscuras escaladas
És o meu guia e companheiro amigo,
Andamos juntos pelas vãs estradas
Como exilados do celeste abrigo.

Como a alma de outras almas desoladas
Vamos andando livres de perigo,
Envolvidos nas dobras estreladas
Da eterna noite do imortal castigo,

Vamos com sede de galgar distâncias
Acorrentados pelas mesmas ânsias,
Desafiando sem temor a Morte.

Até que enfim então já esquecidos,
No mundo como dous faróis perdidos,
Apontaremos o sagrado norte.

Ibidem

VIDA OBSCURA

Como um lírio que nasce e que fenece
Por entre as rochas de uma gruta escura,
Tu foste assim do berço à sepultura
Com um sorriso de um anjo que adormece.

Não se ouviu de teus lábios uma prece
Que deixasse do mundo uma censura,
Foste mesmo uma rosa de ternura
Que por entre os espinhos estremece.

Levaste assim contigo o teu segredo,
Como se fosse uma harpa não tocada
Ou uma flor nascida num degredo.

Foste só uma pálida esperança,
Uma saudade nunca desvendada,
Um sonho muito vago de criança.

Ibidem

Marcelo Gama

Nascido Possidônio Cezimbra Machado, em Mosardas, Rio Grande do Sul, em 3 de março de 1878, o poeta e boêmio Marcelo Gama, sem estudos regulares, surpreendeu as madrugadas de Porto Alegre, na primeira década do século XX, com os versos de insólitas imagens e as frases sarcásticas e maliciosas. Destaca Andrade Muricy (1973, p. 714) que, "integralmente poeta, queria viver no sonho e no mundo da poesia", sem submeter-se a obrigações e burocracias. Profissionalmente, exerceu sempre o jornalismo, em Porto Alegre e no Rio de Janeiro. Na madrugada de 7 de março de 1915, adormecido, a caminho de casa, um movimento brusco do bonde projetou-o do alto do Viaduto do Engenho Novo, morrendo em conseqüência.

FEIA

Feia!... Como isso dói na tua alminha débil!
É nobre a coitadita, e muito a contraria
ser forçada a morar numa tal moradia...
Eis aí porque a vejo amargurada e flébil.

E é por seres assim que eu te quero assim tanto,
com este amor tão limpo e tão sem egoísmo,
pois logo a sujaria o meu sensualismo,
se animasse essa carne algum sopro de encanto.

Toda vez que me vem de tua alma perfeita
esse ar de doçura e pesar sossegado,
evocas-me o sabor que já tenho encontrado
em certos frutos sãos, mas de casca suspeita.

Água fresca bebida à beira de uma fonte,
em mau copo de folha, enferrujado e gasto...
Como deve bater penosamente casto,
sob o teu peito murcho, o coração insonte!

Borboleta que sai de um casulo rugoso...
teu sorriso não traz convites para o beijo:
antes pede perdão... manifesta o desejo
de que não se repare em teu corpo anguloso.

Sei que um dia choraste, assistindo a uma boda,
porque viste alguém rir do teu porte mesquinho.
Já chegaste a dizer, encontrando um ceguinho:
– Que bom se fosse cega a humanidade toda!

Entristeceste ao ver, numa revista de arte,
um "tipo de beleza"... E terias a palma
se fosse dado a alguém fotografar tua alma...
– não havia mulher tão linda em toda parte.

Dói-te se ouves falar, quando estás numa roda,
na formosura desta ou daquela mulher.
Vês em cada semblante um motejo qualquer...
e descreste, por fim, dos recursos da moda.

Imagino que horror deves ter aos espelhos!
E a crueldade da água em que lavas o rosto
há de forçosamente encher-te de desgosto,
repetindo que és feia e dando-te conselhos:

– Que não tenhas vaidade e não sejas faceira...
Parece-me que a ti um tal conselho é inútil,
pois tua alma sadia, abençoada e dúctil,
é uma or que nasceu dentro de uma caveira.

Via sacra (1902)

COM O SOL

Para o José Pinto Guimarães

– "Anda depressa, ó sol, que está parado!
Que fazes tu aí, sol imprudente?"
Este maldito sol, ultimamente,
tem-se tornado o meu maior cuidado!

Esta que eu amo, mora num sobrado,
e o sol, que a quer também, pára-se em frente:
e até que o sol se canse e enfim se ausente,
a janela é deserta, e eu, desolado.

– "Sol, vai-te embora!" E quando o sol vai indo,
e ela aparece, eu desespero e grito,
por ver a noite, que já vem caindo:

– "Sol, pára um pouco..." E o sol, sem me escutar,
se esconde, enquanto eu lhe suplico, aflito:
– "Sol! Por favor, ó sol, vai devagar!..."

Sonetos de amor, Via sacra
e outros poemas (1944)

NA LIÇA

A Andrade Neves Neto

Arremetes, Miséria?
Pois na liça estarei: seja a investida séria,
haveremos de lutar!
Que enquanto me aclarar a luz do pensamento,
hás de ver tremular esta bandeira ao vento,
até que se desfaça, em trapos, pelo ar!

Cavaleiro do Ideal,
não me deixo vencer, valoroso e leal.
Ergo a viseira, e destro
resisto, sem temor, aos ataques da Fome
que, se os corpos abate e se as forças consome,
jamais quebrantará o vigor do meu Estro.

Bem vês: não me arreceio
de ti. Sombrio, o teu aspeto, e feio,
não me apavoras, não!
Arremetes, Miséria! Hás de extinguir primeiro
As minhas ilusões, meu sonho derradeiro:
– só depois me verás, exânime, no chão.

Mata a minha esperança,
se quiseres vencer, do ferro desta lança
que enristo, a força bruta!
Sob o arnês do Ideal! que carnes dilaceras?
Vem! que enquanto eu guardar uns restos de quimeras,
hei de zombar de ti; hás de ver-me na luta!

Destrói-me as ilusões;
apaga a luz da Aurora; e das constelações
fazendo um campo-santo,
manda partir o sol em escuros pedaços,
faze também a lua em milhões de estilhaços,
rasga do firmamento o suntuoso manto!

Faze do mar um charco,
sem vagas, sem rugido, onde as velas de um barco
não passem altaneiras,
e não haja celeuma e não haja gaivotas;
e aí, na podridão dessas águas imotas,
vai depois mergulhar os leques das palmeiras.

E todas as mulheres
afoga nesse lodo. E enfim, quando tiveres
o que é belo extinguido,
– as luzes, a harmonia, as cores e os perfumes –
Quando não mais houver saudade, amor, queixumes,
Só então poderás aos pés ver-me caído.

Ou, senão, hás de ver
deste braço o valor, desta lança o poder!
Havemos de lutar!
Que enquanto me aclarar a luz do pensamento,
hás de ver tremular esta bandeira ao vento,
até que se desfaça, em trapos, pelo ar!

Dispersos, Via sacra
e outros poemas (1944)

Maranhão Sobrinho

José Américo Augusto Olímpio Cavalcanti dos Albuquerques Maranhão Sobrinho nasceu no sertão de Barra da Corda, Maranhão, em 25 de dezembro de 1879. Com outros poetas, fundou, em 1900, a "Oficina dos novos" e, em 1908, a Academia Maranhense de Letras. De vida boêmia e desregrada, apreciava a boa conversa, escrevia despreocupado com o destino dos poemas, em mesas de botequim, desde que houvesse "álcool, papel e tinta", razão por que grande parte dos seus poemas permaneceram esparsos em jornais, revistas e folhas soltas. Preferiu a forma do soneto, contendo o último livro poemas mais longos. A temática do amor perpassa toda sua poética. Faleceu em Manaus, ao completar 36 anos, em 25 de dezembro de 1915.

Andrade Muricy (1973, p.779) escreveu sobre ele: "Maranhão Sobrinho é o mais considerável poeta do seu tempo, no extremo Norte, e o simbolista ortodoxo, o satanista, por excelência, do movimento naquela região", denotando sensível influência de Baudelaire. Fundou, em 1908, a Academia Maranhense de Letras.

INTERLUNAR

Entre nuvens cruéis de púrpura e gerânio,
rubro como, de sangue, um hoplita messênio,
o sol, vencido, desce o planalto de urânio
do ocaso, na mudez de um recolhido essênio....

Veloz como um corcel, voando num mito hircânio,
tremente, esvai-se a luz no leve oxigênio
da tarde, que me evoca os olhos de Estefânio
Mallarmé, sob a unção da tristeza e do gênio!

O ônix das sombras cresce ao trágico declínio
do dia que, a lembrar piratas do mar Jônio,
põe, no ocaso, clarões vermelhos de assassínio...

Vem a noite e, lembrando os Montes do Infortúnio,
vara o estranho solar da Morte e do Demônio
com as torres medievais as sombras do Interlúnio...

Papéis velhos... roídos pela
traça do símbolo (1908)

SALMO DA MINHA BÍBLIA

Alma láctea de Risos e Luares,
Sete-Estrelo vibrante do meu Sonho!
rendido à intrepidez dos teus olhares,
nas tuas mãos meu coração deponho...

Ó Mística Visão dos meus Pesares,
Roxo Martírio que a mim mesmo imponho!
para rimar meus rútilos Cantares
meus Sonhos, todos, nos teus olhos ponho...

Como te quero, ó Santa-Criatura...
císnea Alfa do meu Deslumbramento,
mil vezes santa e duplamente pura!

À alvorada do teu sorriso terno
leio o Missal do meu Padecimento
eterno, eterno, eterno, eterno, eterno...

Ibidem

OS RAROS

Sangrando de Pesar, todos sangrando,
magros, lívidos Cristos macerados,
vão eles, como lázaros, chagados,
a miséria da Vida atravessando!

Romeiros da descrença, fatigados,
levam no olhar as lágrimas chorando,
que as Dores, como incêndios bronzeados,
vão nos lábios tantálicos, secando...

Tântalos novos do ideal Falerno
do Amor, na sede, que os devora, ardente,
se saciam nas lágrimas do Inferno!

Vão pela Vida humílimos de rastros,
mas seus olhos embebem-se somente
na comunhão altíssima dos Astros...

Estatuetas (1909)

MÁRTIR

Das Cinco-Chagas de Pesar, que, exangue,
trago no triste Coração magoado,
descem rosários de rubis de sangue
como do corpo do Crucificado...

Pende-me a fronte sobre o peio, langue,
de infinitas Traições alanceado...
e, na noite da Mágoa, expiro exangue
na Cruz de pedra da Paixão pregado...

Subi, de joelho, expirando, o adusto
desfiladeiro enorme do Calvário...
sob o madeiro da Saudade, a custo!

Sem consumar meus sonhos adorados,
oiço, no meio do Martírio vário,
o chocalhar sacrílego dos Dados...

Ibidem

AS ÁRVORES

Quando a canção da tarde de oiro e arminho
envolve a terra e o céu num só gemido
as solitárias árvores, baixinho,
conversam como nós. Moças, sentido!

Diz uma que de beijos no caminho
anda um rumor perpétuo desparsido,
ao que outra diz, a rir, quietando um ninho,
que abraços longos mil têm surpreendido.

E as aves das agrestes solidões
ouvem tranqüilas tudo, e vão bordando
de segredos as sedas da canções...

Sentido! E o brando olhar mais aguçado,
que o que dizeis e murmurais baixinho,
moças, sabem-no as árvores. Cuidado!

Vitórias-régias (1911)

Érico Curado

Nasceu em Pirenópolis, Goiás, em 18 de maio de 1880 e dedicou toda sua vida ao comércio. Através do gosto pela leitura, mantinha-se atualizado nas tendências literárias. Espírito extrovertido, sabia conduzir agradável conversa. Pertenceu à Academia Goiana de Letras e, com Hugo de Carvalho Ramos, era considerado a principal figura literária do Estado. Bernardo Élis, seu filho, foi o primeiro escritor goiano a chegar à Academia Brasileira de Letras

Viveu e escreveu dentro do sincretismo literário do final do século XIX e inícios do século XX, perpassando estéticas diversas, desde o Romantismo, o Parnasianismo, o Simbolismo, até chegar ao Modernismo. Com o livro *Iluminuras* (São Paulo: Duprat & Comp., 1913), passou a ser o introdutor do Simbolismo em Goiás. Muitos poemas simbolistas estão no livro Poesias (Goiânia: Bolsa de publicações "Hugo de Carvalho Ramos", de 1956). Em 1997, Evanilda Nunes Freitas e Sousa defendeu, na USP, tese de Doutorado sobre sua obra, intitulada *Sertão em crepúsculo: Érico Curado e o Simbolismo em Goiás*, sob orientação de Roberto de Oliveira Brandão.

Gusla maviosa – ou trêmulos violinos...
Luas de Maio, ó brisas vesperais,
Olhos que exalam sonhos levantinos,
Linhas quebrando em formas imortais!

Sinfonias da Luz, nênias dos sinos,
Lendas e sagas, noites medievais,
Lírios e rosas, níveos, purpurinos,
Fazei meus versos vagos, musicais!...

Fazei meus versos de um lavor sutil...
Rimas brilhando em cadencioso aceno,
– Murmúrio esparso de um rosal de Abril!

Fazei meus versos leves, como um trilo,
Como o sorrir de um bandolim sereno:
– Salmos de amor – em blandicioso estilo!...

Iluminuras (1913)

Quando tu cantas nessa voz dolente,
Queixosa e amarga, – voz das elegias...
Quando tu cantas, minha alma de crente,
Benta na unção das velhas liturgias,

Parece que se evola brandamente,
Para as regiões da luz, das harmonias;
E, comovida e terna e reverente,
Fica absorta num sonho de magias.

Tarde. Angelizam-se do poente as cores,
Sobe da Terra um salmo de amargores
E a noite cai povoada de fadigas...

Ah! Canta nessa voz abemolada,
De dores, de saudades repassada,
Cheia das mágoas das canções antigas!

Iluminuras (1913)

Poentes de cinza e lilases,
De nuvens roxas, sombrias,
Saudade – sinos da tarde,
Sussurros de Ave-Maria!

Saudade – sombras, murmurejos
De águas rolando... Frescuras
De luar pelos caminhos,
Vestindo os campos de alvuras...

Flores tristes de manacá
Perfumando as solidões,
– Soluços de sabiá!

Saudade – luz de uns olhos santos
Sobre um livro de orações...
– Uns olhos roxos de prantos.

Poesias (1956)

Passa. E toda de branco vai vestida,
Como uma nuvem de esplendente alvura...
Passa – e a calçada, então adormecida,
Desperta e, em música, a seus pés murmura!

Alta, no aprumo da palmeira erguida,
Alvo colo de ninfa, que fulgura,
Passa... e toda de branco vai vestida
E iluminada de imortal candura.

Passa – branca visão de alvas neblinas,
Leve, baixando as pálpebras divinas,
Sem um sorrio, indiferente e linda...

Passou – sumiu-se além desconhecida!
– E hoje, em sonhos, lhe evoca a imagem que ainda
Passa. E toda de branco vai vestida.

Ibidem

SIC LUCEAT LUX...

Quando Jesus, no cimo do Calvário,
Hirto e mudo, pendente do madeiro,
Pela amplidão do límpido velário,
Triste, exalou o alento derradeiro,

Ígneo, partiu-se o abismo planetário,
Rolando os Sóis, em lúgubre chuveiro,
Num medonho fragor de estrondo vário
Em turbilhões pelo Universo inteiro!...

E a noite encheu a Terra e o Céu profundo,
Do pé da Cruz, porém rasgando a treva,
Vivo, brilhando aos olhos de Maria,

Um claro eflúvio, alvor, clarão do dia,
Pelo Infinito, a cintilar, se eleva
Ardendo em astros novos sobre o Mundo!

Ibidem

Durval de Morais

Nascido em Maragogipe, Bahia, em 20 de novembro de 1882, Durval Borges de Morais formou-se em Química e Farmácia e elevou-se em destaque entre os simbolistas baianos, sagrado em 1911 como o maior dos poetas da Bahia. Participou de dois importantes grupos: *Nova cruzada* e *Os anais*. Sua vida transcorre entre Bahia, São Paulo e Rio de Janeiro, onde faleceu em 5 de dezembro de 1948.

Sua poesia vem marcada por apurada técnica poética, incluindo ritmos longos de 13 a 18 sílabas. Após fase panteísta, assumiu forte expressão mística, concentrando-se em cantar cenas e episódios da vida de São Francisco de Assis, e em louvar a Virgem Maria, Santa Teresa de Jesus e outros. Praticou muito o soneto, mas também escreveu poemas longos.

PULVIS

Homem, venho do pó fecundo e miserando,
Como a flor da lagoa, impura e deletéria,
E pó será meu corpo airoso e leve, quando
A vida abandonar-me ao seio da Matéria!

Sou feito de poeira e feito de miséria,
E, sonhando o esplendor de régias pompas, ando
Como se fosse um sol pela amplidão sidérea,
Como se fosse um deus o eterno Olimpo entrando!

Alguns anos... alguém, depois do meu traspasse,
Pisará... – sem pensar que pisa na poeira,
Meus olhos, minhas mãos, meus lábios, minha face!

... E à luz do sol poente, e à luz das alvoradas,
Quando o vento rufar sua marcha guerreira,
Minha alma feita em pó voará pelas estradas!...

Sombra fecunda (1913)

A ETERNA QUESTÃO

– "Bendita a minha dor, o amigo sofrimento
Que me livrou de mim, de ossadas e de lousas.
Pela espiral da Fé, suba-me o Sentimento,
E a Razão não se atenha ao limite das Cousas.

Irmão Asno, terás alegria e sustento,
Como os têm na existência astros e mariposas,
Por que guardes em ti liberto o Pensamento,
E asas possam nascer aos pés em que repousas.

Quando unidos, um dia, a minha alma exilada
E o corpo material – viva lâmpada de oiro –
Dos justos e de Deus chegarem à morada:

Há de ir o Sentimento esperar-me à soleira,
E a Razão rolará, desfeita, ao sorvedouro,
Poeira que ficou do meu corpo na poeira!"

Lira franciscana (1921)

A ROSEIRA DO SILÊNCIO

A Santa Teresa de Jesus

Falsas rosas heráldicas da raça,
Rosas do orgulho, rosas assassinas
Do tédio, que meus lábios amordaça
Como os travores de todas as morfinas;

Rosas da tentação, rosas da graça,
Rubras aquelas; estas cristalinas;
Azuis rosas do Amor, de onde esvoaça
O aroma ideal das perfeições divinas;

E vós, rosas fanadas da Saudade:
Todas colhi, na dor e na tristeza
Do turbilhão. Meu desespero, vence-o...

E a rosa celestial da Santidade
Dá que eu possa colher, Santa Teresa,
Na Mística Roseira do Silêncio.

Rosas do silêncio (1926)

OPALANDAS

Para o Fernando Caldas

Níveas, rubras, azuis, verdes, douradas, pretas
Vestem a lua e o sol e os oceanos e as flores;
O poente, a saudade, os lírios e as violetas
Trajam roxas na terra opalandas de dores.

Sendo etéreos vergéis de canções e de amores
E desertos glaciais, as almas dos poetas
Tem-nas de todo o modo e de todas as cores:
Níveas, rubras, azuis, verdes, douradas, pretas!

O verso é uma opalanda a revestir um sonho,
E triste ou venturoso o verso é um simbolista
De um momento de riso, ou de um momento tristonho.

Poeta, seguindo da Arte a luminosa norma,
Voltarás vencedor porque para a conquista
Vestiste à idéia a tersa opalanda da forma.

Nova cruzada (1907)

A PAISAGEM ABISSAL

No fundo da Alma. No profundo abismo.
　　　　Deserto sem oásis.
　　　　Cântico sem frases.
Silêncio. Escuridão. Solidão. Misticismo.

Um sol que não projeta sombras. Lume
Que não acende cores nas imagens.
Paisagem que não tem, como as paisagens,
　　　　Matizes e perfume.

E no entanto esse abismo
É um éden sempre aberto.
A flor imaterial do misticismo
Nasce nesse deserto.

Na solitude Alguém enchendo tudo.
Deus somente. Mais nada.
O deserto diz tudo sendo mudo.
A solidão ensina assim calada.

Solidão sonora (1943)

Da Costa e Silva

Antônio Francisco da Costa e Silva nasceu em 28 de novembro de 1885, em Amarante, Piauí. Terminou o curso jurídico em Recife, apenas em 1913, já com problemas de saúde. Foi funcionário concursado do Ministério da Fazenda, chegando ao posto de delegado fiscal do Tesouro Nacional e servindo em vários Estados. Faleceu no Rio de Janeiro, em 29 de junho de 1950.

Seu livro de estréia – *Sangue* –, de 1908, alcançou grande sucesso, na sua luminosa comunicabilidade. A par da influência de Cruz e Sousa, passa a admirar o belga Verhaeren, a quem dedicou longo poema. Sem prender-se a escolas, transita entre a última geração simbolista e um "segundo parnasianismo", versejando sempre com versatilidade, registrando variações métricas e tornando sua poesia mais objetiva. Esmerou-se na disposição visual, com poemas em forma de losango. Dedicou particular atenção à natureza, em seus poemas, cantando as estações do ano, as horas do dia, as sugestões da luz, imagens e fenômenos da natureza, poemas sobre a fauna e a flora, além de poemas/cantigas de caráter medieval.

JOSAFAT

A trombeta fatal os meus ouvidos chumba.
Sol Poente. Eu moribundo. Entra o cortejo roxo
Da Morte. O Padre meu irmão parece um mocho...
Rezas, Viático, a Cruz – passaportes da Tumba.

Choro de minha mãe – arrulhos de columba
Meus olhos a ninar... Fecho ao claror frouxo
Do círio bento e vejo, aos pulos, Satã Coxo,
Em roda do meu leito, à espera que eu sucumba.

Deixa o corpo a alma e desce em espirais de tênia
Aos círculos do Inferno, à maneira de um dobre
De sino, aos giros no ar... Dante faz-me uma nênia,

Voltaire, a assobiar, traça-me o necrológio,
Verlaine, Mallarmé, Cruz e Sousa, Anto Nobre
Rezam juntos por mim num profano Eucológio.

Sangue (1908)

LUA NO MAR

Sós – eu, a noite, a lua, o mar...
Dentro da solidão desta praia erma e calma,
Descerro para a cisma os olhos da minha alma.
– E assim que eu gosto de cismar.

Olhos perdidos na amplidão,
Cismo, espraiando o olhar ao longe, até a curva
Onde com o céu o mar se confunde e se turva
Quase o sentido da visão.

A lua cheia nos confins
Do mar, do mar subindo ao amplo céu de cobalto,
Lembra a taça do rei de Tule, erguida ao alto
Por tritões, ninfas e delfins...

Numa ascensão lenta e parcial,
Surgindo, vai deixando, em fúlgido rastilho,
Móveis cintilações de esmeralda e vidrilho
Por sobre o líquido cristal.

A leste, a oeste, ao norte, ao sul,
No mar como na praia, em todo espaço ambiente,
Ao luar toma um fulgor de luz opalescente
A concha côncava do Azul.

A Natureza toda, com
O influxo que lhe vem da luz diáfana e pura,
Sonha, enlevada ao luar, ao luar se transfigura,
E a luz é cor, perfume, som...

A areia fulva esplende à luz
Lunar; parece, então, que os cômoros se movem,
E a praia é um corpo alvo e sensual de mulher jovem,
Nua, empinando os seios nus.

Tremeluzindo, ondas em flor
Beijam a duna clara, onde se quebram, umas
Após outras, febris, peroladas de espumas,
Em beijos lúbricos de amor.

Ondas que vão e ondas que vêm,
Verdes, bravas, chofrando em róridos marulhos,
Num confuso rumor de soluços e arrulhos,
Vão se espraiar ali, além...

E eu, recebendo esta emoção,
Reflito: onde haverá mais amor, mais luxúria:
– Na onda que lambe a praia, ou na praia que, em fúria,
Bebe a onda com sofreguidão?

Quedo-me absorto, ouvindo a voz
Do mar, em vibrações mais vivas, quando afaga
E vence o vento a vaga e, voluptuosa, a vaga
Vibra, volúvel e veloz...

E mais me engolfo em cisma, pois
Tento saber quem tem mais gozo e sentimento:
A volúpia da vaga? A vertigem do vento?
O vento? O mar? Qual deles dois?

Assim, cismando, eu vou com o olhar
Bebendo a luz do luar, que se infiltra em minh'alma.
E o êxtase da luz o luar na praia calma,
A luz da lua sobre o mar...

Zodíaco (1917)

ULTRA LIMINA...

Em frágil barca de ébano e marfim,
De tírias velas côncavas ao vento,
Vago pela amplidão do firmamento,
Nas ondas do éter pelo azul sem fim...

Aonde vou nesse estranho bergantim,
Veloz e afoito como o pensamento?
Que céu de sonho, que país nevoento,
Que mundo de mistério busco, enfim?

Nos extremos remotos do horizonte,
Perde-se a barca, espaço em fora, sem
Que com o porto encantado se defronte.

Colho as velas, deito a âncora, porém
Surge na proa o vulto de Caronte,
Com a mão no leme, a dirigir-me: – Além!

Verônica (1927)

Pedro Kilkerry

Nascido em São Salvador, Bahia, em 10 de março de 1885. Do nome de família Pedro Militão Kuilkuery suprimiu Militão e alterou o sobrenome para Kilkerry, o que foi aceito pela família. De parcos recursos econômicos e vida boêmia, formou-se pela Faculdade de Direito da Bahia. Concentrou economias e esforços na leitura e aquisição do saber, lendo Homero, Dante, Shakespeare, Milton, Sterne, Nietzsche, Poe, Mallarmé, Baudelaire, Rimbaud, Laforgue, Flaubert. Traduzia grego, latim, inglês, francês, italiano, espanhol e alemão. Não publicou seus poemas, guardando-os na memória ou escrevia-os em folhas esparsas. Augusto de Campos coligiu 35 poemas seus. Faleceu em Salvador, no dia 25 de março de 1917.

Sua poesia, bastante hermética, despojada, musical, de imagética contundente, revela personalidade fulgurante e exótica. Segundo Fernando Góes (1959, p. 268), foi "talvez a personalidade mais singular das rodas literárias da capital baiana, nos primeiros quinze anos do século". Para Muricy (1973, p. 869), "a tão escassa produção de Kilkerry nem por isso o impede de situar-se na primeira plana do Simbolismo e dá ao Brasil um estranho poeta, tanto tempo ignorado".

RITMO ETERNO

Abro as asas da Vida à Vida que há lá fora.
Olha... Um sorriso da alma! Um sorriso da aurora!
E Deus – ou Bem! ou Mal – é Deus cantando em mim,
Que Deus és tu, sou eu – a Natureza assim.

Árvore! boa ou má, os frutos que darás
Sinto-os sabendo em nós, em mim, árvore, estás.
E o Sol, de cujo olhar meu pensamento inundo,
Casa multiplicando as asas deste mundo...

Oh, braços para a Vida! Oh, vida para amar!
Sendo uma onda do mar, dou-me ilusões de um mar..
Alvor, turquesa, ondula a matéria... É veludo,

É minh'alma, é teu seio, e um firmamento mudo.
Mas, aos ritmos da Terra, és um ritmo do Amor?
Homem! ouve a teus pés a Natureza em flor!

ReVisão de Kilkerry (1985)

HORAS ÍGNEAS

I

Eu sorvo o haxixe do estio...
E evolve um cheiro, bestial,
Ao solo quente, como o cio
De um chacal.

Distensas, rebrilham sobre
Um verdor, flamâncias de asa...
Circula um vapor de cobre
Os montes – de cinza e brasa.

Sombras de voz hei no ouvido
– De amores ruivos, protervos –
E anda no céu, sacudido,
Um pó vibrante de nervos.

O mar faz medo... que espanca
A redondez sensual
Da praia, como uma anca
De animal.

II

O Sol, de bárbaro, estangue,
Olho, em volúpia de cisma,
Por uma cor só do prisma,
Veleiras, as naus – de sangue...

III

Tão longe levadas, pela
Mãos de fluido ou braços de ar!
Cinge uma flora solar
– Grandes Rainhas – as velas.

Onda por onda ébria, erguida,
As ondas – povo do mar –
Tremem, nest'hora a sangrar,
Morrem – desejos da Vida!

IV

Nem ondas de sangue... e sangue
Nem de uma nau – Morre a cisma.
Doiram-me as faces do prisma
Mulheres – flores – num mangue...

Ibidem

HARPA ESQUISITA

Dói-te a festa feliz da verdade da vida...
Tanges da harpa, em teu sonho, almas ou cordas, cantas,
Bóiam-te as notas no ar, a asa no Azul diluída
E, assombrados, reptis – homens, não! tu levantas!

E apupilam-te a frente as mil pedras agudas
De ódios e ódios a olhar-te... E és um rei que as avista,
No halo, de Amor, que tens! se em colar as transmudas,
Vais – um dervixe persa, o manto azul – Artista!

Inda olhar adormido abre, e é de ocre, e avermelha!
Vem colar-te ao colar... e, oh! tua harpa esquisita
Plange... flora a zumbir, minúscula, que imita
A abelheira da Dor, em centelha e centelha.

E é a sombra... E o instrumento, a gemer, iluminado,
Como que à Noite estrela um núbio corvo... E lindo
(Inda que as asas tens não no terás ao lado)
Por que os pétalos d'ouro, a haste de prata, abrindo,

Um lirio de ouro se alça?... Os passos voam-te, pelas
Ribas... Oh! que ilusões da flor, que tantaliza!
Sobe a flor? Sobes tu e a alma nas pedras pisa?...
Pairas... Em frente, o mar, polvos de luz – estrelas...

Pairas... e o busto a arfar – longe, vela sem norte.
Negro o céu desestrela, o seio arqueando: escuta.
No amoroso oboé solfeja um vento forte
E, alta, em surdo ressôo, a onda betúmea e bruta,

A ânsia do mar, lá vem, esfrola-se na areia...
Seu líquido cachimbo é mágoa acesa, e fuma!
E chamas a onda: "irmã". E em fósforo incendeia
Na praia a onda do mar, ri com dentes de espuma.

De ametista, em teu sonho, uma antiga cratera
Mal te embebe – alegria! – alvos dedos de frio,
Eis se te emperla o rosto e a prantear vês, sombrio
A onda crescer, rajar-se em brutal besta-fera!

Olhas... E, soluçoso, à música das mágoas
Amedulas o Mar e amedulas a Terra!
A sombra aclara... E é ver a dança verde de águas
E arvoredos dançando ao coruto da serra!

Gemes... Dedando o Azul as magras mãos dos astros
Somem, luzindo... Ao longe, esqueleta uma ruína
Em teu sonho a enervar argentina, argentina...
De ilusões, no horizonte, ossos brancos... são mastros!

Quente estrias a alma, à frialgem, nas cousas...
Que bom morrer! manhã, luz, remada sonora...
Pousas um dedo níveo às níveas cordas, pousas
E és náufrago de ti, a harpa calda, agora.

Ah! os homens percorre um frêmito. Num choro...
Move oceânica a espécie, amorosa, amorosa!
Mais que um dervixe, és deus, que morre, a irradiosa
Glorificação de ouro e o sol de ouro... à paz de ouro.

Ibidem

ZERO

Belo Amor, a olhar da Alma... E o Ódio é fusco! e é vesga a Inveja
Por que atrás da Ilusão, na vontade tens asas?
Por que, no orgulho da Obra, após o do Eu, te abrasas,
Se a Morte – Ursa polar – invisível, fareja?

Homem-restos de Raça, e corres tu e atrasas
Esmagado do pé de um deus, que te não veja
Nem a dor que em teu peito, um grande Sol, dardeja...
Oh! os Sonhos caem, como as pedras, como as casas...

Tudo se acabará! No Futuro, espreitando,
A figura do Caos, sinistramente ansiada,
Por um Como é que espera e a tragédia de um Quando...

E comido do Frio ou do Fogo comido,
O Mundo há de rolar – um Zero desmedido –
Tragado pela boca espantosa do Nada!

Ibidem

Ernani Rosas

Ernani Salomão Rosas Ribeiro de Almeida, filho de Oscar Rosas, nasceu em Desterro, Florianópolis, em 31 de março de 1886, transferindo-se com idade de 3 anos para o Rio de Janeiro. Em 1913, em encontro com Luiz de Montalvor, conheceu Fernando Pessoa e Mário de Sá-Carneiro. Após a morre do pai, em 1925, retirou-se para Nova Iguaçu, onde viveu em quase anonimato, e morreu, gago, homossexual, pobre, em 1955. Profissionalmente, desempenhara cargos modestos e atividades humildes.

Foi poeta simbolista tardio. Apontam-se como influências fundamentais as de Mallarmé e de Mário de Sá-Carneiro. Na trilha mallarmeana, sua linguagem tornou-se hermética, na magia tecitural de vocabulário específico, navegando no "oceano do símbolo". A complexa imagística desse poeta do "Outono" e "Peregrino" em exílio permanente, cujo destino solitário dilacera-o entre "Volúpia e dor", tendo a "Visão" e o "Sonho" diluídos no vago que se perde entre "Satã" e o Infinito "Além", concentra-se nas palavras-chave absolutizadas: Saudade, Melancolia, Incerteza, Noite, Ilusão.

REINO DESEJADO

Peregrino do Sonho errei Caminhos
que iam ter às Portas da Alegria,
Poeta e Marujo naufraguei sozinho
e a minha Nau fora a Melancolia.

Meus Olhos não beijaram a luz da Glória
nem meus lábios chegaram a balbuciar,
quero encerrar-me em vós Portas de inglória
Noite, que é Mar sem-fim a serenar!

Onde as almas na febre de seus lábios
nunca chegam a tocar para matá-la
Na insaciável Ebriez dos lábios
a Olhar amortecendo, sonha e cala

E como Solitário a Tempos-Idos
nosso frescor de lábio sossegado
os Antigos Caminhos percorridos
Peregrino! Da Morte no vencer!

Poesias (1989)

CONVALESCENTE

Convalesço dos males da Quimera
partindo sempre de um desejo rude,
a malograda sorte da galera
que aportar com delírio nunca pude...

Do amor, nada pretendo com veemência
pela vida misérrima que arrasto!
Eu sinto o frágil coração tão gasto
às futuras e rudes penitências...

Desconheço o rigor dessa ironia
Quando o sol tomba na água a eril centelha
sem n'a apagar em fulva alegoria...

Amo a noute, amo o espelho do Universo
nunca a chaga de um Deus que se avermelha
no sangue que palpita no meu verso!...

Prelúdios de uma voz oculta –
Edição crítica da obra de Ernani Rosas (2002)

CREPÚSCULO

Toda existência, é ocasional regresso...
Ali, a sombra do homem é grave e austera,
recai a tarde em cisma, à noute o espera
sossega a ceifa célere dos músculos...

É efêmero o viver do caminheiro
falsa visão do sonho p'la atmosfera
na demência da enxada do coveiro
que enterra as ruínas, mais as primaveras!...

Vida e ânsia vibrando num só verso
no transporte da terra ao éter puro,
É contato genial com o Universo...

Bruxuleia a minguar em céu escuro,
porque não crê, ficando submerso...
entre o oceano e o Nirvana do futuro!...

Ibidem

TÂNTALO DA DOR

Maldita, seja a Arte incompreendida
e a taça do Ideal que nos lacera...
os vinhos de Luxúria e da Quimera
e a báquica eclosão da Luz dorida!

dos tântalos letais e da beleza,
da dúvida do mundo em meu pensar...
os ciclos turvos de íntimas tristezas
que nunca mais se vão para o Luar!

E o meu cismar romântico e amoroso,
é como um rio fundo rumoroso,
cheio de sombras e de estrelas d'oiro...

P'la maldição dessa sinistra incúria,
maldiz ao fel da vida, como agouro...
Maldita seja a serpe das Luxúrias!

Ibidem

NAS REGIÕES DO "EXÍLIO"

Quem sonha, esquece o tártaro do abismo,
do val' da Vida para além da morte:
tem-se a impressão de torvo cataclismo,
quando a alma se eleva num transporte...

Num cortejo de sombra dentre estrelas,
perdemos de nós-próprios, o vão recorte...
somos fluidez do ar, ao léu da sorte,
difundidos na cósmica procela...

Levamos a saudade dessa amante,
dos versos de uma noute, que passara....
sob a Lua de Deus, que vai distante...

Diante a bênção Deus, se merecemos...
desfilamos, qual sombra que escapara,
ao exílio da selva que tememos!...

Ibidem

VISÃO

Agoirenta visão de luz gelada!
Que mistério possui tua Presença?...
Quando desces à terra anuviada,
Vais a Jesus, a Deus pedir licença!...

E arrebatas as almas desgraçadas
às geenas do Mal, como sentença!
e a mim, me levarás pela alvorada
de tuas vestes lúgubres – e descrença!...

Louca hiena da fé bebes-me a vida,
na fria tentação do teu segredo!
no Tântalo falaz, como bebida...

Cerras-me os olhos, gelam-me teus dedos...
arrebatas-me o corpo a vão degredo
num só beijo de morte apetecida!...

Ibidem

A MORTE

Sou dos ventres a lúbrica bacante,
a pantera em meus ócios de veludo:
fascino os corações, que enervante,
no languir dos aromas, sobretudo...

Serei do teu Amor, homem, o quebranto,
talvez, a morte em minha garra adunca,
Sou bizarra no amor, não vejo nunca:
o que possa na dor causar espanto!

Venho meu corpo à alambra do oriente,
Lascivo riso exóticos perfumes...
encarno a mancenilha em forma ingente!

Sou a sombra do Amor luxuriante;
inebrio as cabeças dos amantes...
Nunca amei, nem de mim não tive ciúmes!

Ibidem

Eduardo Guimarães

Nascido em 30 de março de 1892, em Porto Alegre, Rio Grande do Sul, revelou, já nos estudos das primeiras letras e humanidades, grande amor aos livros, o que o caracterizou por toda a vida. Desde jovem, esteve ligado à imprensa. Participou de grupo simbolista em Porto Alegre, em tempos de boêmia noturna. No Rio, em 1912, acolhido fraternalmente por Mário Pederneiras, integrou a última geração simbolista. No ano seguinte retorna a Porto Alegre, nomeado para cargo na Biblioteca Pública, onde enriqueceu sua cultura literária, no meio de livros, e traduziu Dante, Baudelaire, Tagore, Heine, Verlaine. Faleceu em 13 de dezembro de 1928 no Rio de Janeiro.

Fernando Góis (1959, p. 352), corroborando Jamil Almansur Haddad, refere-se aos "dois grandes poetas do simbolismo – Cruz e Sousa e Alphonsus de Guimaraens, para dizer que Eduardo Guimarães pode e deve figurar ao lado de ambos, formando a grande tríade do movimento". Para Massaud (p. 320) nos poemas de Guimarães "se coalha em versos de superior estesia uma das mais altas e sonoras sensibilidades líricas de quantas povoaram o espaço literário simbolista".

DOÇURA DE ESTAR SÓ...

Doçura de estar só quando a alma torce as mãos!
– Oh! doçura que tu, silêncio, unicamente
sabes dar a quem sonha e sofre em ser o Ausente,
ao lento perpassar destes instantes vãos!

Doçura de estar só quando alguém pensa em nós!
De amar e de evocar, pelo esplendor secreto
e pálido de uma hora em que ao seu lábio inquieto
florescer, como um lírio estranho, a Sua voz!

E os lustres de cristal! E as telas de marfim!
E os candelabros que, olvidados, se apagaram!
E a saudade, acordando as vozes que calaram!
Doçura de estar só quando finda o festim!

Doçura de estar só, calado e sem ninguém!
Dolência de um murmúrio em flor que a sombra exala,
sob o fulgor da noite aureolada de opala
que uma urna de astros de ouro ao seio azul sustém

doçura de estar só! Silêncio e solidão!
Ó fantasma que vem do sonho e do abandono,
dá-me que eu durma ao pé de ti do mesmo sono!
Fecha entre as tuas mãos as minhas mãos de irmão!

Divina quimera (1916)

DE PROFUNDIS CLAMAVI

Desse profundo horror, de esplêndida memória,
ouve, Senhor, o brado unânime e maldito
que aos céus, vibrando, sobe! Ouve o sinistro grito
que é toda a angústia humana e toda a humana glória!

Ouve o que diz a boca exangue e merencória,
de amor gemendo! E o lábio ardente do precito
que em vão interrogou a sombra do infinito!
E o que sorveu, calado, a lágrima ilusória!

Ouve. Deus de Sinai que tens o raio ao seio!
Nós clamamos a ti pelos perdões supremos
pela suprema paz ao nosso eterno anseio!

E queremos saber por que nos torturamos!
E clamamos a ti do Éden em que sofremos!
E clamamos a ti do Inferno em que gozamos!

Ibidem

TUDO O QUE FAZ DA CARNE UM MISTÉRIO...

D'une beauté effrayante, presque spectrale
Théophile Gautier

Tudo que faz da carne um mistério inquietante,
languescências, brancor de túmulos ao luar,
marfins de rosa murcha, inerte e singular,
tudo o seu corpo tem, de abandonada amante.

Nimba-lhe a fronte o horror. Quando emudece, o olhar
mostra a antiga tortura eterna e alucinante,
porque os seus olhos são dois tercetos de Dante
que Gustave Doré deixou por ilustrar!

Do gesto vão, jamais, de arremesso ou de assomo,
fez o esforço brutal que dá glória ao perigo;
atrai assim, contudo, a alma do sonhador.

Magnífica, fatal e funerária como
Hirta e nua, ao entrar de um cenotáfio antigo,
Uma está da morte, um mármore de dor!

Ibidem

SOB OS TEUS OLHOS SEM LÁGRIMAS

Une rose dans les ténèbres
Stéphane Mallarmé

Não porque a noite, de astros pura,
traga ao meu riso este ar dolente
de um trovador convalescente,
lembro-te, calmo e sem tortura.

Mas, porque à luz que transfigura,
constantemente, eternamente,
esta paisagem da alma ardente,
outra surgiu mais lenta e obscura.

Outra surgiu que mostra em cada
canto uma planta misteriosa,
um lírio negro, uma flor tristonha:

E esta dor mortal e sagrada
que floresceu, como uma rosa,
da mais profunda do meu sonho!

Poemas à bem-amada, A divina quimera (1944)

NOVILÚNIO

Novilúnio de outubro. É primavera. Sente!
Que silêncio! Não move uma só brisa. Odor
a jasmins. Larga e verde, a água-morta jazente.
Nela ao fundo azulado o céu. Nenhum rumor.

São como aparições as árvores. Que mágoa,
a destes salgueiros! Ó vastas solidões!
Pânica encenação da sombra à beira d'água
que reflete ao luar a copa dos chorões!

Desfaz-se a mancha azul do cerro que se obumbra.
E eis que, a espátula, a treva o quadro singular
pinta: e por tudo cria efeitos de penumbra...
ouve-se o coração das cousas palpitar.

Nada turba entretanto a música divina
do silêncio, nem mesmo a orvalhada a cair
da altura e a marejar duma geada fina
e límpida os botões das rosas por abrir.

Novilúnio de outubro. É primavera. Sente:
que aroma, o dos jasmins! Dorme tudo ao redor.
Nenhum rumor que se ouça – o dos sapos somente
que faz mais calma a noite e o silêncio maior.

Cantos da terra natal, A divina quimera (1944)

O PEREGRINO APAIXONADO

Peregrino a que céu votado, a que tormento,
a que exílio sem glória? Impossível destino!
Onde acharás jamais o triunfo incruento
ou, sem a eterna pedra, o repouso divinal?

Para lá de que mar onde se amaine o vento,
afasta-se o país supremo? Levantino
ou, quem sabe, no Ocaso? E eis que ao teu pensamento
só responde o fragor das ondas, peregrino.

Buscando o rumo n'água, enquanto o vento escutas,
alongas vago o olhar às nuvens e perscrutas
sem esperança o além, o horizonte sem raias...

Que te importam, porém, a terra, o mar tristonho,
se o mais belo país foi sempre o do teu sonho
e estão no teu olhar as suas verdes praias?

Estâncias de um peregrino, A divina quimera (1944)

PREFERÊNCIAS

Beethoven! Sonho eterno à grande luz da lua.
Paixão de amor, amor das cousas. Réquiem e hino.
Só Dante possuiu uma alma igual à tua
e teve como o teu o coração divino.

Noivo da noite, ardente e belo, ó feminino
Chopin que amaste a morte e a glória, tumultua
ao fragor dos teus sons a vaga de um destino
triste e, náufrago exangue, o teu amor flutua.

E a ti, Schumann que a morte, assim fingida amante,
seduziu e enganou, deu-te somente a imagem
do delírio a visão do teu sonho anelante.

Debussy! Vaga do sol que entre reflexos dança.
Perfume e sons de sino através da folhagem...
Ó chuva de verão sobre os jardins de França!

Ibidem

Alceu Vamosy

Nascido em Uruguaiana, Rio Grande do Sul, em 14 de fevereiro de 1895, publicou seu primeiro livro em 1913, compondo-o ele mesmo na tipografia de *A Cidade*, de Alegrete. Dedicou-se inteiramente ao jornalismo. Dois anos depois transfere-se para Porto Alegre, onde freqüenta os círculos dos escritores, na boêmia literária da Praça da Harmonia. Em 1917 compra e dirige o jornal *O Republicano* em Livramento. Em 1923, no movimento revolucionário, alistou-se em batalhão governista e, no combate de Ponche Verde, é ferido por uma bala no peito, vindo a falecer em Livramento a 13 de setembro de 1923. Casa-se "in extremis" com sua noiva Maria Bellaguarda. Apreciava muito a música de Chopin e Debussy e, sobretudo, a poesia de Cruz e Sousa. Sua poesia abrange o mundo circunscrito, sem aberturas transcendentes, mantendo-se fiel ao soneto.

PEREGRINAÇÃO

Peregrino da Terra, espírito de lenda,
Toma a sacola e o manto, arrima-te ao bordão.
Vamos peregrinar os dois por esta senda.
– Suave estrada de luz, por onde tantos vão...

Sem ter nada que à terra as nossas almas prenda,
Levando como um facho a luz da Redenção,
Iremos a cantar, armando a nossa tenda,
Em cada uma Esperança, em cada uma Ilusão!

E assim, ambos a sós, sombra despercebida,
Iremos pelo mundo, iremos pela vida,
Levando o mesmo ideal, pisando a mesma estrada.

E havemos de chegar bem cedo a esse país,
Onde se canta sempre e sempre se é feliz,
Sob a perpétua luz da eterna madrugada!

Flâmulas (1913)

CARNES

Pulcras, liriais bizarramente claras,
Carnes divinas, virginais e puras,
Na ostentação de correções preclaras,
E de preclaras pompas e brancuras...

Carnes que sois as sacrossantas aras,
De vagas e de ignotas formosuras...
Ó carnes esquisitas, carnes raras,
De esquisitas e raras contexturas!...

Carnes dadas, sem mancha, em holocausto
Ao amor, e do amor florindo ao fausto,
Virgens da tentação, salvas do vício!

Carnes extraordinárias e perfeitas,
Eleitas para um alto gozo – eleitas
Para o prazer e para o sacrifício!...

Na terra virgem (1914)

POEMA TRUNCADO

Volto do teu amor, como quem volta de uma
terra tristíssima e distante,
onde passam, na sombra, anjos de mãos de pluma
tangendo harpas de luz, numa ronda constante.

Trago nos olhos meus, desertos de alegria,
emoldurando a imagem tua,
saudades de rosas que pisei, nostalgia
de loureiros dormindo à luz clara da lua;

Anda na minha voz, como um eco apagado,
feito de lágrimas e mágoas,
reminiscência de oura voz, que, no passado,
escutei, de uma fonte, a dizer rezas de águas;

nos meus gestos, que são dolentes e profundos,
gestos de adeus, tristes e vagos,
há a calada expressão dos cisnes moribundos
sob o beijo da tarde, à flor azul dos lagos...

....

Poesia completa, Coroa de sonho – Parte I
"Jardim noturno" (1994)

DENTRO DA NOITE

A Lúcio Albuquerque

A arde põe as tristes mãos de seda,
ermas de jóias e de pedraria,
sobre o cabelo de ouro da alameda
sonolenta de maio e fim de dia,
a tarde põe as tristes mãos de seda.

O mistério do outono embala tudo
no seu silêncio de recolhimento;
e as mãos da tarde, suaves, de veludo,
descem do céu, num gesto longo e lento,
ermas de jóias e de pedraria.

Um par de lábios, trêmulos, fugazes,
perfumados de sombra e de desejo,
depõem, numa carícia de lilases,
a religiosa unção de um grande beijo
sobre o cabelo de ouro da alameda.

E esta fica a sonhar, como quem sonha
um infinito sonho de saudade,
numa quietude mística e tristonha,
sob o incenso da meia-claridade,
sonolenta de maio e fim de dia...

Poesia completa, Coroa de Sonho – Parte II
"Sonho de estação morta" (1994)

DUAS ALMAS

A Coelho da Costa

Ó tu, que vens de longe, ó tu, que vens cansada,
entra, e, sob este teto encontrarás carinho;
Eu nunca fui amado, e vivo tão sozinho,
vives sozinha sempre, e nunca foste amada...

A neve anda a branquear, lividamente, a estrada,
e a minha alcova tem a tepidez de um ninho.
Entra, ao menos até que as curvas do caminho
se banhem no esplendor nascente da alvorada.

E amanhã, quando a luz do sol dourar, radiosa,
essa estrada sem fim, deserta, imensa e nua,
podes partir de novo, ó nômade formosa!

Já não serei tão só, nem irás tão sozinha;
Há de ficar comigo uma saudade tua...
Hás de levar contigo uma saudade minha...

Poesia completa, Coroa de Sonho – Parte III
"Coroa de sonho" (1994).

ÍNDICE

COLEÇÃO MELHORES CONTOS

Aníbal Machado
Seleção e prefácio de Antonio Dimas

Lygia Fagundes Telles
Seleção e prefácio de Eduardo Portella

Breno Accioly
Seleção e prefácio de Ricardo Ramos

Marques Rebelo
Seleção e prefácio de Ary Quintella

Moacyr Scliar
Seleção e prefácio de Regina Zilbermann

Machado de Assis
Seleção e prefácio de Domício Proença Filho

Herberto Sales
Seleção e prefácio de Judith Grossmann

Rubem Braga
Seleção e prefácio de Davi Arrigucci Jr.

Lima Barreto
Seleção e prefácio de Francisco de Assis Barbosa

João Antônio
Seleção e prefácio de Antônio Hohlfeldt

Eça de Queirós
Seleção e prefácio de Herberto Sales

Mário de Andrade
Seleção e prefácio de Telê Ancona Lopez

Luiz Vilela
Seleção e prefácio de Wilson Martins

J. J. Veiga
Seleção e prefácio de J. Aderaldo Castello

João do Rio
Seleção e prefácio de Helena Parente Cunha

Ignácio de Loyola Brandão
Seleção e prefácio de Deonísio da Silva

Lêdo Ivo
Seleção e prefácio de Afrânio Coutinho

Ricardo Ramos
Seleção e prefácio de Bella Jozef

Marcos Rey
Seleção e prefácio de Fábio Lucas

Simões Lopes Neto
Seleção e prefácio de Dionísio Toledo

Hermilo Borba Filho
Seleção e prefácio de Silvio Roberto de Oliveira

Bernardo Élis
Seleção e prefácio de Gilberto Mendonça Teles

Autran Dourado
Seleção e prefácio de João Luiz Lafetá

Joel Silveira
Seleção e prefácio de Lêdo Ivo

João Alphonsus
Seleção e prefácio de Afonso Henriques Neto

Artur Azevedo
Seleção e prefácio de Antonio Martins de Araújo

Ribeiro Couto
Seleção e prefácio de Alberto Venâncio Filho

Osman Lins
Seleção e prefácio de Sandra Nitrini

Orígenes Lessa
Seleção e prefácio de Glória Pondé

Domingos Pellegrini
Seleção e prefácio de Miguel Sanches Neto

Caio Fernando Abreu
Seleção e prefácio de Marcelo Secron Bessa

Edla van Steen
Seleção e prefácio de Antonio Carlos Secchin

*Aluísio Azevedo**
Seleção e prefácio de Ubiratan Machado

Aurélio Buarque de Holanda*
Seleção e prefácio de Luciano Rosa

Fausto Wolff*
Seleção e prefácio de Antonio Carlos Secchin

Ary Quintella*
Seleção e prefácio de Mônica Rector

Prelo*

COLEÇÃO MELHORES POEMAS

Castro Alves
Seleção e prefácio de Lêdo Ivo

Lêdo Ivo
Seleção e prefácio de Sergio Alves Peixoto

Ferreira Gullar
Seleção e prefácio de Alfredo Bosi

Mario Quintana
Seleção e prefácio de Fausto Cunha

Carlos Pena Filho
Seleção e prefácio de Edilberto Coutinho

Tomás Antônio Gonzaga
Seleção e prefácio de Alexandre Eulalio

Manuel Bandeira
Seleção e prefácio de Francisco de Assis Barbosa

Cecília Meireles
Seleção e prefácio de Maria Fernanda

Carlos Nejar
Seleção e prefácio de Léo Gilson Ribeiro

Luís de Camões
Seleção e prefácio de Leodegário A. de Azevedo Filho

Gregório de Matos
Seleção e prefácio de Darcy Damasceno

Álvares de Azevedo
Seleção e prefácio de Antonio Candido

Mário Faustino
Seleção e prefácio de Benedito Nunes

Alphonsus de Guimaraens
Seleção e prefácio de Alphonsus de Guimaraens Filho

Olavo Bilac
Seleção e prefácio de Marisa Lajolo

João Cabral de Melo Neto
Seleção e prefácio de Antonio Carlos Secchin

Fernando Pessoa
Seleção e prefácio de Teresa Rita Lopes

Augusto dos Anjos
Seleção e prefácio de José Paulo Paes

Bocage
Seleção e prefácio de Cleonice Berardinelli

Mário de Andrade
Seleção e prefácio de Gilda de Mello e Souza

Paulo Mendes Campos
Seleção e prefácio de Guilhermino César

Luís Delfino
Seleção e prefácio de Lauro Junkes

Gonçalves Dias
Seleção e prefácio de José Carlos Garbuglio

Affonso Romano de Sant'anna
Seleção e prefácio de Donaldo Schüler
Haroldo de Campos
Seleção e prefácio de Inês Oseki-Dépré

Gilberto Mendonça Teles
Seleção e prefácio de Luiz Busatto

Guilherme de Almeida
Seleção e prefácio de Carlos Vogt

Jorge de Lima
Seleção e prefácio de Gilberto Mendonça Teles

Casimiro de Abreu
Seleção e prefácio de Rubem Braga

Murilo Mendes
Seleção e prefácio de Luciana Stegagno Picchio

Paulo Leminski
Seleção e prefácio de Fred Góes e Álvaro Marins

Raimundo Correia
Seleção e prefácio de Telenia Hill

Cruz e Sousa
Seleção e prefácio de Flávio Aguiar

Dante Milano
Seleção e prefácio de Ivan Junqueira

José Paulo Paes
Seleção e prefácio de Davi Arrigucci Jr.

Cláudio Manuel da Costa
Seleção e prefácio de Francisco Iglésias

Machado de Assis
Seleção e prefácio de Alexei Bueno

Henriqueta Lisboa
Seleção e prefácio de Fábio Lucas

Augusto Meyer
Seleção e prefácio de Tania Franco Carvalhal

Ribeiro Couto
Seleção e prefácio de José Almino

Raul de Leoni
Seleção e prefácio de Pedro Lyra

Alvarenga Peixoto
Seleção e prefácio de Antonio Arnoni Prado

Cassiano Ricardo
Seleção e prefácio de Luiza Franco Moreira

Bueno de Rivera
Seleção e prefácio de Affonso Romano de Sant'Anna

Ivan Junqueira
Seleção e prefácio de Ricardo Thomé

Cora Coralina
Seleção e prefácio de Darcy França Denófrio

Antero de Quental
Seleção e prefácio de Benjamin Abdalla Junior

Nauro Machado
Seleção e prefácio de Hildeberto Barbosa Filho

Fagundes Varela
Seleção e prefácio de Antonio Carlos Secchin

Cesário Verde
Seleção e prefácio de Leyla Perrone-Moisés

Florbela Espanca
Seleção e prefácio de Zina Bellodi

Vicente de Carvalho
Seleção e prefácio de Cláudio Murilo Leal

Patativa do Assaré
Seleção e prefácio de Cláudio Portella

*Alberto da Costa e Silva**
Seleção e prefácio de André Seffrin

*Alphonsus de Guimaraens Filho**
Seleção e prefácio de Afonso Henriques Neto

*Álvaro Alves de Faria**
Seleção e prefácio de Carlos Felipe Moisés

*Lindolf Bell**
Seleção e prefácio de Péricles Prade

*Sousândrade**
Seleção e prefácio de Adriano Espínola

*Ruy Espinheira Filho**
Seleção e prefácio de Sérgio Martagão

*Armando Freitas Filho**
Seleção e prefácio de Heloísa Buarque de Holanda

*Mário Sá-Carneiro**
Seleção e prefácio de Lucila Nogueira

*Walmir Ayala**
Seleção e prefácio de Marco Lucchesi

Prelo*

COLEÇÃO MELHORES CRÔNICAS

Machado de Assis
Seleção e prefácio de Salete de Almeida Cara

José de Alencar
Seleção e prefácio de João Roberto Faria

Manuel Bandeira
Seleção e prefácio de Eduardo Coelho

Affonso Romano de Sant'Anna
Seleção e prefácio de Letícia Malard

José Castello
Seleção e prefácio de Leyla Perrone-Moisés

Marques Rebelo
Seleção e prefácio de Renato Cordeiro Gomes

Cecília Meireles
Seleção e prefácio de Leodegário Azevedo Filho

Lêdo Ivo
Seleção e prefácio de Gilberto Mendonça Teles

Ignácio de Loyola Brandão
Seleção e prefácio de Cecilia Almeida Salles

Moacyr Scliar
Seleção e prefácio de Luís Augusto Fischer

Zuenir Ventura
Seleção e prefácio de José Carlos de Azeredo

Rachel de Queiroz
Seleção e prefácio de Heloisa Buarque de Hollanda

Ferreira Gullar
Seleção e prefácio de Augusto Sérgio Bastos

Lima Barreto
Seleção e prefácio de Beatriz Resende

Olavo Bilac
Seleção e prefácio de Ubiratan Machado

Roberto Drummond
Seleção e prefácio de Carlos Herculano Lopes

Sérgio Milliet
Seleção e prefácio de Regina Campos

*Odylo Costa Filho**
Seleção e prefácio de Cecília Costa

*Raul Pompéia**
Seleção e prefácio de Maria Luiza Ramos

*João do Rio**
Seleção e prefácio de Fred Góes e Luís Edmundo Bouças Coutinho

*França Júnior**
Seleção e prefácio de Fernando Resende

*Artur Azevedo**
Seleção e prefácio de Antonio Martins Araújo

*Ivan Ângelo**
Seleção e prefácio de Humberto Werneck

*Marcos Rey**
Seleção e prefácio de Sílvia Borelli

*Rodoldo Konder**

Prelo*